HORIZONTES DE **LA FORMACIÓN PROFESIONAL** DOCENTE

Competencias, interculturalidad, pensamiento complejo y transdisciplinariedad

MANUEL S. SAAVEDRA R.

PAX

EL LIBRO MUERE CUANDO LO FOTOCOPIAN

Amigo lector:

La obra que tiene en sus manos es muy valiosa. Su autor vertió en ella conocimientos, experiencia y años de trabajo. El editor ha procurado una presentación digna de su contenido y pone su empeño y recursos para difundirla ampliamente, por medio de su red de comercialización.

Cuando usted fotocopia este libro o adquiere una copia "pirata" o fotocopia ilegal del mismo, el autor y editor no perciben lo que les permite recuperar la inversión que han realizado.

La reproducción no autorizada de obras protegidas por el derecho de autor desalienta la creatividad y limita la difusión de la cultura, además de ser un delito.

Si usted necesita un ejemplar del libro y no le es posible conseguirlo, escríbanos o llámenos. Lo atenderemos con gusto.

EDITORIAL PAX MÉXICO

Título de la obra: *Horizontes de la formación profesional docente. Competencias, Interculturalidad, Pensamiento Complejo y Transdisciplinariedad*

COORDINACIÓN EDITORIAL: Gilda Moreno Manzur
DIAGRAMACIÓN: Ivette Ordóñez P.
PORTADA: Víctor Gally

Av. Cuauhtémoc 1430
Col. Santa Cruz Atoyac
México DF 03310
Tel. 5605 7677
Fax 5605 7600
www.editorialpax.com

Impreso en:
IREMA, S.A. de C.V.
Oculistas No. 43,
Col. Sifón

Primera edición
ISBN 978-607-9346-66-9

Índice

A mi familia:

Alicia, Alicia Silvia, Manuel Salvador, Patricia,
Mario, y sus hijos Juan Carlos, Mariana,
Emmanuel, Katja y Mario.
Con amor, gratitud y esperanza.

A mis hermanos, Arturo y Adrián.

A la memoria de mis padres: María Salud y Adrián,
y de mis hermanos Carmen y Reynaldo (†).

Introducción

Actualmente, la noción de formación tiene un carácter polisémico puesto que por su propia naturaleza alude a prácticas, procesos, intenciones, condiciones y sujetos particulares. La noción de formación circula así de diversas maneras pero hasta ahora vinculada, sobre todo, al espacio público, es decir al lugar de gestación de lo educativo. En este sentido se refiere a un campo de problemas que se articulan de manera específica y se significan de manera particular en el terreno de los sujetos.

Desde este enfoque se incorpora la idea de formación como configuración para confrontar con las tendencias que de manera implícita o explícita la asumen en términos de modelos a seguir. La idea de configuración alude a la exigencia histórico-epistemológica de la articulación, cuya construcción implica desmantelar lo constituido y reconocer lo posible de darse. Ello sustenta un tipo de discurso racional orientado a plantear la formación como un campo problemático, no como un eje teórico sino como proyecto de sujetos sociales.

Cuando proliferaban los saberes empíricos, éstos eran transmitidos de una generación a otra y no requerían ninguna formación sistemática. Se producía y se aprendía a producir al mismo tiempo, en el mismo espacio, con los mismos agentes. En ese sentido, la profesionalización del conocimiento otorga autoridad cultural y autoridad social, a través del monopolio de ciertos conocimientos que pasan a ser propiedad de un grupo de expertos dentro de un campo profesional y, por tanto, excluyente de otros grupos. El mantenimiento del control del campo se logra mediante la producción y reproducción de ciertas parcelas del conocimiento, a partir de definiciones que son propiedad de comunidades particulares de expertos (Popkewitz, 1990, 65).

Para romper con los condicionamientos ideológicos del término es necesario que los formadores contextualicen y resignifiquen su propia práctica, en un trabajo colectivo que consolide comunidades profesionales epistémicas, para que analicen críticamente sus compromisos, su propia afiliación y las finalidades ético-políticas de su trabajo. La tendencia predominante en las últimas décadas en el marco de la formación del profesorado, establece un proceso dinámico que supera los componentes técnicos y operativos impuestos, que no tomaban en cuenta al colectivo y las situaciones problemáticas de la práctica de los profesores, pretendiendo otorgar coherencia a las etapas formativas por las que pasan, dándoles un *contínuum* progresivo. Además, permite considerar la práctica de la enseñanza como una profesión dinámica y el desarrollo de una cultura profesional, reconociendo la incidencia de elementos laborales, económicos, de selección, de evaluación, entre otros.

Muchos otros pensadores coinciden en sostener que la formación de profesores debe aproximarse a lo que Dewey (1965) denomina "estudiantes de la enseñanza", a lo que Elliot (1977) concibe como "profesores autoobservadores"; a lo que Stenhouse (1987) llama "maestros investigadores" y Zeichner (1987) "maestros reflexivos"; o lo que para Tom (1984) son los "maestros como artífices morales".

La Conferencia Mundial de Educación para Todos: La Satisfacción de las Necesidades Básicas de Aprendizaje (Jomtien, 1990) destacó el papel decisivo que juega el maestro en la calidad de la educación, razón por la que recomendó dedicar especial atención a los rasgos de la profesionalidad docente. La Conferencia de Ministros de Educación de América Latina y el Caribe (Jamaica, 1996) recomendó "Mejorar y fortalecer las estrategias de formación de docentes para la educación de jóvenes y adultos (...) Impulsar los cambios que contribuyan a que las universidades y demás instituciones de educación superior se conviertan en factores que colaboren en el mejoramiento de la calidad de los niveles educativos precedentes, con especial atención en los programas y la formación inicial de los docentes" (SEP 1996, 23-24).

La Conferencia Internacional de la Educación de la Organización de las Naciones Unidas para la Educación, la Ciencia y la Cultura (CIE-UNESCO, 1966) expresó la necesidad de profesionalizar la formación docente, porque constituye la mejor estrategia para mejorar los resultados de la educación, así como las condiciones laborales de los profesores.

Los profundos cambios que viven las sociedades actuales, particularmente las latinoamericanas, con el advenimiento de las nuevas fuentes y formas de acceso a la información y al conocimiento, la ruptura de las identidades políticas tradicionales, la globalización de la economía y la reconversión de las prácticas profesionales, plantean la necesidad de cambios en los sistemas educativos en general y, particularmente, en el papel que ha cumplido el docente.

En la era del conocimiento, las instituciones formadoras de docentes deben pensarse como organizaciones que aprenden en forma colaborativa, en una idea de aprendizaje para el cambio, la acción y el trabajo. Pensarse en planteles abiertos a modelos conceptuales y prácticas educativas innovadoras, donde los equipos directivos sean líderes académicos y no burocráticos, en donde se constituyan comunidades en la cultura de la tolerancia, donde se vincule la práctica creadora con la teoría elaborada. En suma, que se piensen en el marco conceptual de la formación permanente. Obviamente, no se trata de un nuevo concepto de formación de docentes, sino de la articulación de algunos componentes que subyacen en la mayoría de los discursos y de las prácticas aquí mencionadas.

En el devenir del proceso de *hominización*, la inteligencia humana desafió las certidumbres y los prejuicios: Copérnico y Galileo demostraron que estamos situados en los suburbios de una galaxia; Kepler demostró que los planetas no se mueven en círculos, sino en elipses; Newton demostró matemáticamente el movimiento de los astros, postulando la ley de la gravitación universal; Laplace concibe al orden universal como autofundador y autosuficente; Maxwell, unificando teorías parciales, definió las fuerzas de la electricidad y el magnetismo. Desde la mitad del siglo XIX, el segundo principio de la termodinámica degrada esta idea de orden y a comienzos del siglo XX la física cuántica lo mina subterráneamente, destruyendo por fin la cosmovisión newtoniana de realidad, que concibe al universo como un todo ordenado sujeto a leyes universales (Reeves, 1996).

Los astrofísicos indagan el origen del universo, los biólogos el de la vida, los paleontólogos el del hombre; los filósofos, sociólogos y religiosos buscan darle un sentido a la vida humana y a las relaciones sociales; Darwin demostró que la hominización es la última producción del proceso común en la evolución animal. Hawking y Penrose demostraron (matemáticamente) que la teoría general de la relatividad "implicaba que el universo tenía que tener un principio y, posiblemente, un final". De modo similar a las preguntas que se formulan sobre el origen del universo, los epistemólogos buscan explicaciones preguntándose: ¿Es posible el conocimiento? ¿En dónde está el origen y los fundamentos del conocimiento? ¿Cuál es la esencia del conocimiento? ¿Có mo se puede certificar la veracidad del conocimiento?

Dado que el conocimiento es el insumo esencial de la formación y de la práctica docente, igual en este campo particular las preguntas aluden a: ¿Qué significa formar? ¿Formar qué? ¿Para qué? ¿Cómo? ¿Quién forma y a quién se forma? ¿Qué sentido tiene la formación? Las respuestas han sido profusas y diversas: modelos centrados en las adquisiciones, en el proceso, en el análisis; enfoques funcionalistas, científicos, tecnológicos, situacionales; centrados en la escuela; comportamentales, humanistas, tradicionales, indagativos, psicológicos y sociológicos; formación inicial y formación permanente.

En el presente las propuestas curriculares de formación docente deben atender a los contextos del desarrollo sociohistórico, que en su devenir plantea problemas específicos que deberá atender: educación basada en competencias, interculturalidad, aplicación de nuevas tecnologías, diversidad, etc. Ahora mismo, en América Latina las preocupaciones más importantes en la innovación educativa están centradas en el diseño y el desarrollo curricular de proyectos innovadores para la formación docente, orientados a cerrar la brecha entre el desarrollo social y el desarrollo del conocimiento.

Esta obra aborda algunas perspectivas de la formación profesional de docentes en el marco de la educación basada en competencias, la interculturalidad, el pensamiento complejo y la transdisciplinariedad, que, se estima, caracterizan a las sociedades actuales, argumentando sobre la necesidad de formar docentes capaces de construir sus propios discursos para enfrentar los desafíos que el siglo XXI está planteando. Se espera que estas aportaciones generen actitudes de apertura hacia la problematización de los razonamientos en que se sustenta hoy y para el futuro la formación de profesores para la educación básica.

Dr. Manuel S. Saavedra R.

Capítulo 1.

Formación docente basada en competencias

1.1 Relación educación-conocimiento-sociedad

Hasta ahora, la educación superior ha formado parte de la industria del conocimiento que fabrican los centros de investigación. Esta tarea consiste en producir competencias para que los profesionales tengan habilidades para el manejo de los conocimientos de modos determinados. Esta manera, sin embargo, está cuestionada. Hoy la ideología de la competencia académica está siendo desplazada por la ideología de la competencia operativa.

Según Maxwell (1987), la filosofía social se caracteriza porque aprecia el objeto de estudio como una práctica social, donde actores sociales diseñan y desarrollan proyectos, intereses e intenciones sociales; asume que las prácticas sociales se insertan en un marco social más amplio que influye, con sus cambiantes ideas, sobre esas prácticas; sostiene que las ideas revelan lo que se considera importante y su análisis aporta datos acerca de los cambios que están ocurriendo; supone que las ideas son representativas de fuerzas e intereses sociales en acción; piensa que la exploración conceptual puede tener un carácter crítico al comparar las prácticas con el potencial de los conceptos; establece que los conceptos actuales tienen un carácter parcial y surgen de intereses identificables, razón por lo cual los análisis no son inmunes a intereses y aspiraciones. Concluye que para tomar en serio las historias significativas y plausibles, deben acompañarse de proyectos realizables. Por tanto, la filosofía social no es el arte, sino el arte de lo posible.

En este marco se sostiene la idea de que la educación superior es cambiante, una experiencia diferente y distintiva del sistema educativo.

En el presente la educación superior se incorpora cada vez más al caudal social, aunque con sus formas fragmentarias de pensamiento, su estilo cognitivo y su orientación intelectual, es una institución premoderna, que aparentemente ha abandonado todo intento de basarse en los cimientos seguros del pensamiento correcto. Pero, al mismo tiempo, está transitando del pensamiento premoderno al moderno.

La educación superior, considerada como un bien cultural o relativo a la posición social, dejó los márgenes de la sociedad y se incorporó a ella al creer en una educación general y en una cultura común, regida primordialmente por los académicos y pensada para una sociedad postrural y no para una sociedad moderna. Pasó a ser considerada un bien económico, no solamente por los involucrados en ella, sino por toda la sociedad. Pasó a ser una de las fuerzas de producción importantes y no solamente del mantenimiento de las relaciones de producción (Barnett, 2001). La educación superior de la sociedad moderna se preocupa del planteamiento, la cuantificación, los réditos, los resultados, el control de los desempeños, la capacidad productiva y la contribución a la sociedad. Ahora, cuando la sociedad reclama un mayor compromiso de la educación superior y de los académicos, se producen tensiones al intentar definir su papel en el desarrollo humano: racionalidad cognitiva (intelecto, conocimientos, verdad, objetividad y disciplinas) o racionalidad instrumental (competencias, resultados, habilidades y capacidad de transferencia).

La educación basada en competencias integradas constituye un modelo que pretende incorporar las actuales demandas laborales, sin descuidar la formación integral de los estudiantes en los ámbitos humano, profesional y disciplinar.

Esta propuesta difiere del paradigma cognitivo académico dominante en la educación superior dado que pretende complementarlo, como se enuncia en los propósitos que declara: buscar una formación que favorezca el desarrollo integral del hombre, posibilitando su real incorporación a la sociedad contemporánea; promover una formación de calidad, expresada en términos de competencia para resolver problemas de la realidad; articular las necesidades de formación del individuo con las necesidades del mundo del trabajo; promover el desarrollo de la creatividad, la iniciativa y la capacidad para la toma de decisiones; integrar la teoría y la práctica, el trabajo manual y el trabajo intelectual; promover el desarrollo de competencias consideradas desde una visión holística, tanto en términos genéricos como específicos; promover cambios en lo que los individuos saben y en el uso que pueden hacer de lo que saben.

La educación superior produce su propia definición de conocimiento y la impone a la sociedad por medio de sus egresados. Sin embargo, no ejerce el monopolio de la transmisión del conocimiento experto, dado que la sociedad moderna es capaz de generar y transmitir conocimiento fuera de la educación superior (Hague, 1991).

Esto significa que no existe una relación lineal, sino triangular, entre conocimiento, educación superior y sociedad, dado que son tres fuerzas separadas que actúan una sobre otra, con menor o mayor autonomía, produciendo interacciones en distintas direcciones. La sociedad moderna no alienta por igual las distintas formas de conocimiento que la educación superior le muestra. Una de las tendencias actuales es el cambio de conocimiento como proceso, al conocimiento como producto (Scott, 1984). El desarrollo educativo y personal, considerado valioso en sí mismo, se torna en adquisición de las últimas competencias técnicas y capacidades analíticas. Hoy la educación superior se ha convertido en una cuestión técnica, confundiendo el conocimiento real con el conocimiento científico, dejando de lado las formas de conocimiento que subyacen en las actividades concretas de las profesiones.

El conocimiento de la era posmoderna ha sido despojado de sus valores, porque solamente cuenta con valores locales, entre los cuales no hay modo de elegir y, por tanto, la sociedad se dedicará a desarrollar, seleccionar y explotar los conocimientos que resulten útiles a sus distintos grupos de intereses (Rorty, 1989).

En este contexto se está desarrollando una superposición de intereses y compromisos entre la sociedad y la educación superior: la educación superior se está convirtiendo en una institución de la sociedad, dejando de ser una institución en la sociedad. El conocimiento se está tornando una fuerza distinta e independiente de la educación superior. La sociedad está estableciendo sus propias definiciones de conocimiento. La educación superior está recibiendo esas definiciones externas de conocimiento y las está aceptando. Se está asistiendo a una situación en que la idea largamente sustentada del conocimiento proposicional basado en las disciplinas ya no puede dar cuenta de la actual amplitud exigida al currículo. Términos como "aprendizaje experiencial", "habilidades transferibles", "resolución de problemas", "trabajo en grupos" y "aprendizaje basado en el trabajo", apuntan lo mismo a nuevos métodos de enseñanza que a cambios en la definición del conocimiento. El conocimiento legítimo se ha ampliado y ya no sólo se ocupa del "saber qué" sino también del "saber cómo".

El conocimiento adquiere, en consecuencia, un carácter operacional. La misión de la educación superior que consistía en sustentar y transmitir las virtudes del conocimiento universal queda de lado y la función de la universidad moderna pasa a ser la captación de los problemas del aquí y del ahora, tal como lo exige la sociedad. Barnett (2001, 78) establece 19 rasgos distintivos de la educación superior *en* la sociedad y de la educación superior *de* la sociedad.

Cuadro 1.1 Educación en y de la sociedad

Educación en la sociedad	**Educación de la sociedad**
Saber qué	Saber cómo
Comunicación escrita	Comunicación oral
Personal	Interpersonal
Interno	Externo
Capacidades localizadas	Transferibilidad
Intelectual	Físico
Pensamiento	Acción
Formulación de problemas	Resolución de problemas
Conocimiento como proceso	Conocimiento como producto
Comprensión	Información
Cargada de valores	"Libre de valores"
Basada en las disciplinas	Basada en los problemas

Educación en la sociedad	**Educación de la sociedad**
Basada en los conceptos	Basada en las tareas
Pura	Aplicada
Aprendizaje basado en proposiciones	Aprendizaje experiencial
Aprendizaje individualizado	Aprendizaje en grupos
Holístico	Por unidades
Desinteresado	Pragmático
Orientación intrínseca	Orientación instrumental

Actualmente, la educación superior está transitando de unos rasgos a otros. Y si consiste en parte en la adquisición de habilidades, no debe abandonar el desarrollo de las capacidades para pensar y evaluar las condiciones en que se empleen o no.

Las habilidades son esencialmente complejas, según se explica en las siguientes diez tesis:

Tesis uno. Todas las habilidades contienen alguna combinación de reflexión y acción. La educación superior debe ocuparse legítimamente de ellas asociándolas con un alto grado de contenido cognitivo.

Tesis dos. Hay una situación y hay habilidades. Las habilidades utilizadas definen la situación, no son independientes de ella. No hay "aplicación de habilidades para...", ni "necesidad de habilidades por parte de..."

Tesis tres. Las habilidades son inseparables del juicio. La acción y la reflexión no están separadas. Las complejas habilidades profesionales son inseparables de las cogniciones, las intuiciones y los juicios. No se puede utilizar el juicio para aplicar nuestras habilidades.

Tesis cuatro. El juicio es parte integral del desempeño pero es también anterior a la demostración de habilidades.

Tesis cinco. El juicio también depende de la acción y atestigua que ésta se ha ejecutado con habilidad.

Tesis seis. La idea de reproducción no es cercana a la idea de habilidad. Parte de la habilidad radica en la capacidad de reproducir las habilidades cuando se necesitan. El corolario de la reproductibilidad es que las habilidades tienen que contar con elementos de rutina.

Tesis siete. *Habilidades* es un término cargado de poder, dado que refleja ciertos intereses dominantes de la sociedad moderna. La estructura de poder comporta la decisión de cambiar las definiciones de la educación superior.

Tesis ocho. La aplicación de habilidades no se halla libre de valores. Los valores están implícitos en la elección de los límites de la situación en la cual se ponen en juego; y en la decisión de adoptar unas y no otras.

Tesis nueve. La educación superior se caracteriza por demandar habilidades muy exigentes y no poco exigentes, determinadas por su contenido cognitivo complejo.

Tesis diez. Dado que la tarea de la educación superior se relaciona con el conocimiento y la comprensión, ésta tiene la particular responsabilidad de generar habilidades basadas en el conocimiento y de promover la comprensión (Barnett, 2001, 89-93).

1.2 Competencia y capacidad

Cada sociedad encarna una ontología, una respuesta al problema del *Ser*, la idea de *Sujeto* a la que aspira. Las sociedades cambian y con ellas cambia la idea. La sociedad moderna se caracteriza por la presencia de imágenes en competencia en un grado que no se observó antes. La sociedad del conocimiento deja paso a la sociedad tecnológica, la que a su vez está dejando paso a la sociedad del aprendizaje: la idea del sujeto conocedor como fabricante de artefactos destinados a la infraestructura de la sociedad, permanente autocrítico dispuesto a dejar de lado las ideas, prácticas y creencias muy apreciadas de ayer en pos de las de hoy o hasta de las de mañana. Estamos inmersos en una sociedad de lo descartable, de los objetos y de lo cognitivo.

En la sociedad moderna se considera que la educación desempeña un papel importante en la conformación de los tipos necesarios de conciencia y de determinados tipos de conocimiento y aprendizaje. El conocimiento que se busca no tiene que ver con el manejo de unidades individuales de información, sino con formas de *know-how*, de descubrimiento de los últimos hallazgos, de la capacidad de relacionar esos hallazgos con los problemas prácticos que debe afrontar la organización en un ambiente competitivo, y de la capacidad de compartir esas ideas con otras personas del mismo entorno.

La sociedad moderna pretende que la educación superior aporte capacidades de nivel superior (de tipo lógico, no de *estatus*) que ofrezcan un grado de valor añadido para la economía, que puedan utilizar sus conocimientos al servicio de los problemas de las organizaciones y que sean capaces de resolver los desafíos cambiantes que se les presenten: usar, manipular, aplicar, comunicar, y evaluar situaciones, mediante diversos criterios (costo-beneficio, calidad, impacto, aplicabilidad) y descartar otros basándose en cuestiones de tiempo y no en su valor epistemológico.

Se trata de una educación para la capacitación en términos de dar a los estudiantes confianza en su capacidad para actuar de manera eficaz y adecuada en circunstancias no habituales y cambiantes que impliquen juicios, valores y confianza para asumir riesgos y compromisos para aprender de la experiencia; dar a los estudiantes confianza y capacidad para asumir responsabilidades respecto de su desarrollo personal y profesional permanente; preparar a los estudiantes para que sean personalmente eficaces en las circunstancias de su vida y de su trabajo (Stephenson y Weil, 1992, 1-2).

En la educación basada en competencias, *comprensión* resulta un término difícil, porque se sugiere que forma parte de la tríada conocimiento-habilidades-comprensión, y que conocimiento y comprensión significan lo mismo. Sin embargo, comprensión describe un estado mental, un estado de conciencia que implica un sujeto, capaz de satisfacer ciertos tipos de criterios demandantes: verdadera o válida, no un malentendido; profunda, que llegue a los principios fundamentales, las presuposiciones y las motivaciones; englobadora, sin dejar ninguno de los aspectos significativos; sinóptica, que permita ver una totalidad de la cosa; sensible a los significados ocultos a los sutiles cambios de énfasis y los matices de expresión; crítica, que identifique errores, omisiones, debilidades y alternativas; firme, no intermitente; fértil y creativa; de respuesta evaluativa (Elliot, 1975, 47-48). Comprender algo es actuar libremente. No podemos comprender si nos limitamos a tomar la idea de otra persona.

El término *crítico* es igualmente difícil para la educación basada en competencias. Para el mundo del trabajo, las habilidades de pensamiento crítico constituyen una capacidad adicional para encarar nuevas posibilidades en cuanto a los diseños, la producción, los productos, los servicios o los clientes. Con el pensamiento crítico existe la esperanza de que se produzca una situación exponencial de creatividad y energía humanas, con lo que la fuerza de trabajo se tornaría autoadaptativa y aportaría su propia dinámica.

Esta forma de entender el pensamiento crítico está orientada hacia una tarea, de organizaciones que tienen objetivos externos a sus operaciones (ganancias, expansión, supervivencia o dominio sobre los competidores). El pensamiento crítico está fuera de sí mismo. Los ítems del pensamiento crítico, generados por individuos, al estar orientados hacia tareas y operaciones propias de las corporaciones, y al ser juzgados por los resultados adquieren vida en la corporación. Una vez que se le produce, no tiene existencia propia. Al estar interesado en el éxito externo, este pensamiento crítico desempeña un papel estratégico. Con él se trata de ganar por y para la corporación, de acercar más el poder y por lo mismo constituye una forma de dominio. El pensamiento crítico que se busca es una forma de habilidad, en el sentido de característica que las habilidades tienen de rutinización de tareas y operaciones. Hay, por tanto una tensión significativa entre las ideas de pensamiento crítico y el concepto de habilidades.

La forma más radical del pensamiento crítico es la crítica, que implica la posibilidad de romper con las fronteras cognitivas que pueden existir, lo cual no coincide con la adquisición de habilidades críticas, dado que éstas implican que ciertos criterios de habilidad estén presentes y se den por sentados. Hay, pues, una contradicción de términos entre pensamiento crítico y habilidades críticas. "El pensamiento crítico no se caracteriza por ninguna modalidad disciplinaria o método de enseñanza en particular. Ni la literatura, ni la filosofía, la biología o el diseño (para tomar algunas propuestas contemporáneas) tienen alguna cualidad especial que les permita ofrecer alguna perspectiva crítica o integrar sinópticamente los otros estudios de sus estudiantes, ni tampoco hay estrategias de enseñanza, como el aprendizaje abierto, el aprendizaje basado en problemas o el estudio independiente, que sean necesariamente productores de pensamiento crítico" (Barnett, 2001, 175).

El pensamiento crítico es indeterminado, implica pensar acerca de un pensamiento ya conformado, es una forma de metacrítica (Habermas, 1992) en la que pueden identificarse cuatro momentos: el reconocimiento de que todo pensamiento tiene ciertos límites; no importa la solidez de una argumentación, cada persona puede configurar sus propios juicios, proposiciones y afirmaciones de verdad; se puede cambiar de una perspectiva crítica de pensamiento a otra; los conceptos, ideas, evidencias primarias y metodologías dominantes pueden ser cuestionadas, lo mismo que reglas semánticas y sintácticas, operaciones lógicas y formas de comunicación.

1.3 Competencia operacional/competencia académica

La competencia como tal no es problemática como objetivo educativo, sino cuando se convierte en el objetivo principal de la educación, dejando de lado otros, más aún si se le convierte en el único. También cuando se le piensa de modo estrecho.

En la educación superior existen dos versiones de competencia: competencia *académica*, cognitiva, construida en torno a la idea de disciplina; y competencia *operacional*, económica, que reproduce el interés de la sociedad por el desempeño.

Cuadro 1.2 Competencia operacional y competencia académica: distinciones

Distinciones	**Competencia operacional**	**Competencia académica**	**Mundo de la vida**
1. Epistemología	Saber cómo (*know-how*).	Saber qué (*know-that*).	Conocimiento reflexivo.
2. Situaciones	Definidas pragmáticamente.	Definidas por campo intelectual.	Definición abierta (opciones múltiples).
3. Foco	Resultados.	Proposiciones.	Diálogo y argumento.

Distinciones	Competencia operacional	Competencia académica	Mundo de la vida
4. Transferibilidad	Metaoperaciones.	Metacognición.	Metacrítica.
5. Aprendizaje	Experiencial.	Proposicional.	Meta-aprendizaje.
6. Comunicación	Estratégica.	Disciplinaria.	Dialogística.
7. Orientación hacia valores	De supervivencia económica.	De la disciplina.	El "bien común" (consenso).
8. Evaluación	Económica.	De verdad.	Por consenso.
9. Condiciones de límites	Normas organizadas.	Normas del campo intelectual.	Normas prácticas del discurso.
10. Crítica	Para la mejor eficacia práctica.	Para la mejor comprensión cognitiva.	Para la mejor comprensión práctica.

Entre las competencias pueden hacerse al menos diez distinciones:

Epistemología. En el marco operacional la prueba de conocimiento es: ¿Qué nos permite hacer? El conocimiento válido tiene un matiz pragmático. En el marco cognitivo-académico la prueba de validez del conocimiento, ¿mejora nuestro conocimiento del mundo?

Situaciones. El espíritu operacional define las situaciones de modo pragmático, a partir de los intereses que participan en ellas. Para el espíritu académico las situaciones se encuentran marcadas por el campo intelectual de los académicos que participan.

Foco. En la óptica operacional el foco de cualquier actividad está puesto en los resultados, pasados, presentes o del futuro, en un contexto de globalización del riesgo. En el dominio académico el foco de la competencia está puesto en las proposiciones significativas.

Transferibilidad. La competencia operacional busca una transferibilidad en dominios de habilidades destinadas a desempeños. La competencia académica se define en parte en términos de habilidades intelectuales a través de la transferencia de comprensiones de una situación cognitiva a otra.

Aprendizaje. En la variante operacional, el aprendizaje es esencialmente experiencial. En la versión académica de la competencia, el aprendizaje es esencialmente proposicional.

Comunicación. En la perspectiva operacional la comunicación busca ganar e influir sobre las personas, pensada para obtener resultados en beneficio de la organización. En la perspectiva académica se realiza por el bien de la disciplina: veracidad, sinceridad, compromiso y autenticidad.

Evaluación. La principal comprobación de la competencia operacional es la economía. La eficiencia y la efectividad son estándares a partir de los cuales se juzga el desempeño: ¿Cuánta ganancia generará esta operación? ¿Cuánto nos ahorrará esta operación? En la competencia académica la comprobación fundamental es la veracidad, según normas, valores, paradigmas y criterios de verdad, cambiantes y aceptados por la disciplina.

Orientación hacia valores. El valor principal de la competencia operativa es la supervivencia económica. La ética del mercado está confinada a situaciones específicas estructuradas. En enfoque académico asume como valor el deseo de alcanzar la verdad.

Condiciones de los límites. Para la competencia operacional los límites los fija la organización y cuando se contravienen se les sanciona, se trate de normas simbólicas, valores u operacionales estrictas. Para la competencia disciplinaria los límites son universales (cualquiera puede participar, siempre que tengan la competencia intelectual mínima) e impersonales.

Crítica. La competencia operacional requiere como crítica una forma de reflexión orientada a lograr una mayor efectividad, dentro de los horizontes de la utilidad; se trata de una comprensión de las operaciones. En la competencia académica lo que importa es la comprensión de conceptos, ideas, evidencia y teorías; la crítica está orientada hacia la mejor comprensión de las comprensiones ya existentes. La crítica siempre es constructiva de opciones.

El informe de la Organización para la Cooperación y el Desarrollo Económicos (OCDE, 1994), sobre calidad de la enseñanza, declara que los objetivos de la educación para el siglo XXI son:

Educación para el empleo. Preparar para un trabajo cada vez más versátil, capaz de responder a las cambiantes necesidades, mediante las destrezas básicas necesarias.

Educación para la vida. Entender la realidad que a uno le toca vivir y entenderse uno mismo, cambiar al aprendizaje de cómo vivir en una sociedad tecnificada.

Educación para el mundo. Comprender el impacto de la ciencia y la tecnología en todos los aspectos de la sociedad, que requiere, además de las disciplinas tradicionales, un punto de vista más global: educación para la responsabilidad ambiental y para el desarrollo armonioso de las relaciones intra e inter sociedades.

Educación para el autodesarrollo. Desarrollar el análisis crítico de tal manera que seamos capaces de entender conceptos y desarrollarnos por nosotros mismos: favorecer la creatividad, las destrezas físicas y sociales, y en particular las comunicativas y organizativas.

Educación para el ocio. Educar para un uso constructivo del tiempo de ocio y al mismo tiempo que la educación se vaya convirtiendo en una actividad placentera.

Gráfica 1.1 Objetivos y calidad de la educación

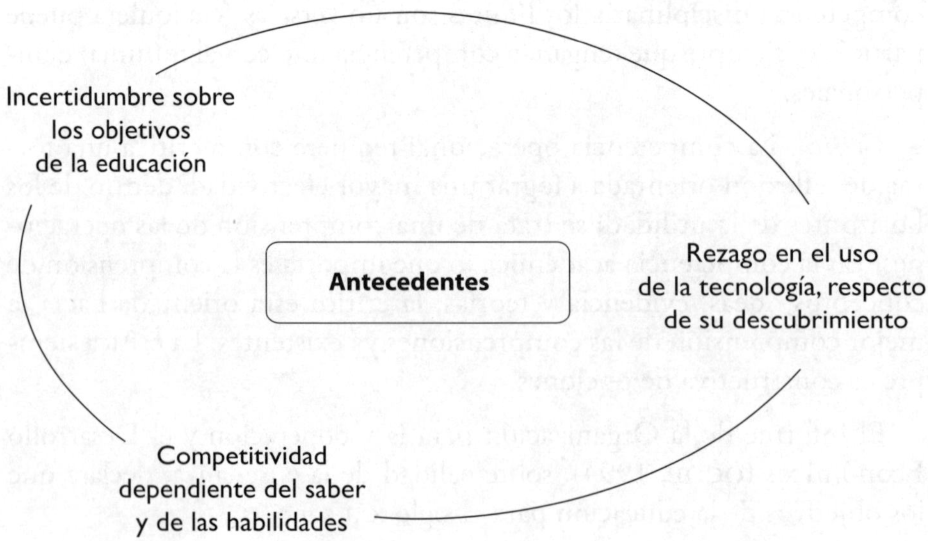

1.4 Competencias y formación docente

Frente a los desafíos que se muestran en la gráfica 1.1, las políticas educativas y los educadores se han cuestionado sobre las posibilidades reales de que la escuela y los docentes tengan la capacidad para asumir un nuevo rol, que específicamente plantea aplicar las nuevas tecnologías en la educación, sobre su integración al currículo, sobre el mejoramiento de los procesos de enseñanza-aprendizaje y sobre las competencias que los docentes habrán de dominar para desempeñarse en los nuevos escenarios.

La formación docente basada en la actuación o dominio de competencias radica en conocer la calidad del proceso de enseñanza, al identificar la relación entre la calidad del proceso y sus resultados, susceptibles de predecirse y controlarse mediante métodos experimentales. Su base metodológica es el paradigma proceso-producto, influidos por el movimiento de rendimiento de cuentas, en una perspectiva conductista y de análisis de sistemas.

Una de las ideas centrales del Performance/Competency Based Teacher Education (P/CBTE) es el módulo, que permite el desarrollo del sujeto a su propio ritmo, caracterizado por conductas y acciones definidas explícitamente, aprendizaje discriminado; los módulos seleccionan claves relevantes para guiar la acción docente.

Las competencias de los módulos están orientadas a la práctica de las mismas. Hay varias fuentes de retroacción: sí mismo, alumnos y observadores. Asimismo, se cuenta con la oportunidad de repetir la actuación reingresando en el paso del módulo requerido.

La práctica puede ser simulada, bien con grupos de alumnos, bien con la clase completa. La comprobación de los resultados de las actividades propuestas en los diferentes pasos de la secuencia modular está prevista en los anexos finales de los módulos.

En la perspectiva de la formación profesional pedagógica, seis rasgos de las competencias profesionales son comunes a todos los enfoques:

1. Las competencias son vistas como un recurso clave, intangible pero fundamental para la competitividad de la empresa, el desarrollo y el logro del éxito.

2. Las competencias son vistas como prerrequisitos esenciales (pero no exclusivos) para la eficacia profesional de la persona. También son un requerimiento clave para la política de recursos humanos de la empresa, y especialmente de la formación.
3. La centralidad del sujeto en su definición, que se delimita en un patrimonio absolutamente individual (no se ven las competencias en sí, sino a la persona competente). Esto implica evidentes dificultades en el uso general del término.
4. El papel fundamental del contexto de aprendizaje en el que el sujeto desarrolla y aplica su propia competencia.
5. La multidimensionalidad del concepto de competencias que entra en juego de manera compleja cada vez que la persona realiza sus prestaciones eficazmente.
6. El dinamismo de las competencias, entendida como variabilidad en el tiempo debido a los procesos de aprendizaje experimentados por la persona y determinados, a su vez, por variables situacionales como los contextos de trabajo, de relación, etc.

El dominio de competencias necesarias para el desempeño docente está centrado en tres dimensiones:

Cuadro 1.3 Tres dimensiones

Técnica	Experto habilitado para guiar el aprendizaje de los alumnos conforme a determinadas reglas metódicas de reconocida solvencia: tutoría, gestión didáctica, innovación.
Ética y social	Socializador metódico de los educandos en el tejido social. Formador en valores, actitudes y otras pautas de conducta como referencia normativa. Evaluador para legitimar e influir en las estrategias de reproducción, movilidad, igualitarismo y compensación.
Autorrealización	Articulador de fuentes informativas, conocedor de su campo de conocimiento disciplinario, gestor de información, administrador de los medios a su alcance y dinamizador del aprendizaje de los educandos.

Con base en las dimensiones anteriores, se plantea un perfil profesional nuevo para el ejercicio de la docencia. Los argumentos para asumir el nuevo perfil son los cinco presentados en seguida.

- El docente del siglo XXI debe abordar nuevas tareas, desde una actitud abierta a los múltiples acontecimientos e informaciones que se generan a su alrededor, dado que el cambio tecnológico se produce a una gran velocidad, lo cual exige de parte de los docentes un esfuerzo de actualización y perfeccionamiento profesional.
- En el siglo XXI los docentes no pueden considerarse depositarios del saber, dado que se genera tanto conocimiento que no es posible la existencia de personas que lo sepan todo.
- En la sociedad del conocimiento la exposición magistral es obsoleta, dado que las redes telemáticas pueden cumplir la función de transmitir información.
- El docente, más que informador, debe ser aglutinador, analizador y gestor de la información.
- El docente debe cumplir la función de guía del conocimiento y administrador de los medios educativos para que los educandos aprendan a aprender.

Cuadro 1.4 Modelo clásico y modelo tecnológico

Modelo clásico	**Modelo tecnológico**
Profesor como instructor	Profesor como mediador
Enfatiza la enseñanza	Enfatiza el aprendizaje
Práctica individualista	Práctica colaborativa
Aplica recursos que no diseña	Diseña y gestiona sus propios recursos
Didáctica transmisora	Didáctica indagadora y participativa
Restringe la autonomía del educando	Utiliza el error como fuente de aprendizaje
El uso de las Nuevas Tecnologías de la Información y las Comunicaciones (NTIC) está al margen del programa	Fomenta la autonomía del educando. El uso de las NTIC está integrado en el currículo

En este marco, se plantea a los docentes el desafío de dominar la materia que imparten (competencia cultural); habilidades didácticas; tutoría; técnicas de investigación, acción; conocimientos psicológicos y sociales; habilidades instrumentales; conocimiento de nuevos lenguajes; rasgos personales de madurez, seguridad, autoestima, equilibrio emocional, empatía.

Estos dominios se especifican en 17 competencias profesionales:

Cuadro 1.4 Competencias y criterios

Competencia	Criterios
1. Planifica cursos	Conocer las características individuales y grupales de sus alumnos; diagnosticar sus necesidades de formación y diseñar el currículo.
2. Diseña estrategia	Preparar estrategias didácticas que incluyan actividades motivadoras, significativas, colaborativas, globalizadoras y aplicativas; utilizar las NTIC.
3. Prepara recursos	Seleccionar, diseñar y usar medios educativos y recursos didácticos.
4. Proporciona información	Gestionar el desarrollo de las disciplinas: informar a los educandos de las fuentes de información; los objetivos, contenidos, metodología y evaluación de la asignatura que han sido previamente contrastados.
5. Motiva al educando	Estimular la curiosidad e interés de los educandos hacia los contenidos y actividades relacionados con las asignaturas.
6. Promueve la participación	Incentivar la presentación pública de los trabajos realizados por los educandos.
7. Facilita la comprensión	Emplear estrategias de enseñanza-aprendizaje que propicien la comprensión y reflexión de los contenidos educativos.
8. Ejemplifica conductas	Asumir comportamientos portadores de valores.
9. Asesora en didáctica	Emplear modalidades asesoras para que los educandos diseñen modelos didácticos.
10. Orienta actividades	Establecer criterios sobre procedimientos para seleccionar, diseñar e implementar actividades de aprendizaje.

Competencia	Criterios
11. Tutoría	Desempeñar funciones de asesoría presencial y a distancia.
12. Trabaja colaborativamente	Realizar trabajos colaborativos con los educandos.
13. Evalúa	Valorar el proceso y los resultados, fomentando la autoevaluación de los estudiantes y de las intervenciones docentes.
14. Fomenta actitudes	Propiciar la formación de actitudes reflexivas y críticas hacia las NTIC. Estimular la valoración del pensamiento divergente, creativo y crítico y el trabajo autónomo, ordenado y responsable.
15. Gestiona	Realizar trámites burocráticos de colaboración en la gestión del centro utilizando ayudas tecnológicas.
16. Actualiza su perfil	Participar en su formación continua: actualización de conocimientos y habilidades didácticas, mantener contactos con otros colegas y fomentar la cooperación e intercambios.
17. Contacta el entorno	Conocer la realidad del mundo laboral al que accederán los educandos y mantener contacto con el entorno escolar.

Una propuesta para la profesionalización docente detalla el dominio de 10 competencias:

I. Planificar el proceso de enseñanza-aprendizaje
II. Seleccionar y preparar contenidos disciplinares
III. Ofrecer información y explicaciones comprensibles y bien organizadas (competencia comunicativa)
IV. Manejo de las nuevas tecnologías
V. Diseñar la metodología y organizar las actividades

VI. Comunicarse – relacionarse con los alumnos

VII. Tutorizar

VIII. Evaluar

IX. Reflexionar e investigar sobre la enseñanza

X. Identificarse con la institución y trabajar en equipo

La competencia I se refiere a la capacidad para diseñar y desarrollar el programa de la disciplina que se enseña, tomando en cuenta los contenidos básicos, el modelo curricular en que se enmarca, la visión didáctica, las características de los estudiantes y los recursos disponibles.

La competencia II significa seleccionar contenidos relevantes para las necesidades formativas de los estudiantes, a las condiciones del tiempo y de los recursos de que se dispone y la organización de manera que sean accesibles a los estudiantes.

La competencia III es transversal y consiste en la capacidad para gestionar didácticamente la información, convirtiendo las ideas y conocimientos en mensajes didácticos.

La competencia IV, que se refiere al manejo de NTIC, exige utilizarlas como herramientas para transformar la práctica docente con la innovación de las modalidades de enseñanza-aprendizaje, en el propósito de que los estudiantes aprendan autónomamente.

La competencia V, implica la organización del espacio para construir ambientes de aprendizaje, la selección del método, la selección y desarrollo de las tareas instructivas (variedad de tareas, importancia de la demanda cognitiva que incluye cada tarea), la importancia de los productos de la actividad, los criterios aplicables al análisis de cada tarea (validez, significación y funcionalidad).

La competencia VI es transversal a las demás competencias y se refiere a superar la idea tradicional de que la enseñanza consiste en "transmitir conocimientos", asumiendo que "El proceso enseñar-aprender es una transacción humana entre estudiantes, maestros y el grupo como tal, en un conjunto de interacciones dinámicas que sirven de marco a un aprendizaje entendido como recurso que se incorpora al proyecto vital de cada individuo".

La competencia VII implica lo siguiente.

Cuadro 1.6 Qué corresponde al tutor

Tareas del tutor	**No son tareas del tutor**
Orientación vocacional	Dar clases particulares
Orientación de capacidades	Crear falsas expectativas
Orientación de reglamentos, currículo y académica	Aparentar amistad
Orientación psicológica	Defensor incondicional
Enseñar a aprender	Suplir las tareas de docentes
Organización del tiempo	Enlace entre estudiantes y profesores
Evaluar peticiones	Consejero psiquiátrico
Detectar necesidades	Comentarista de incidencias

La competencia VIII implica la recolección de información, la valoración de la información recabada y la toma de decisiones.

En la competencia IX se incluye reflexionar sobre la docencia, en el sentido de analizar documentadamente el proceso de enseñanza-aprendizaje desarrollado. Investigar sobre la docencia, sometiendo a análisis controlados los distintos factores que afectan a la didáctica, y publicar sobre la calidad en que se concreta la práctica docente y los aprendizajes.

La competencia X alude a saber y querer trabajar juntos en la institución y en el rol que se desempeña en el trabajo colegiado (Zabalza, 2003).

Gráfica 1.2 Rasgos distintivos

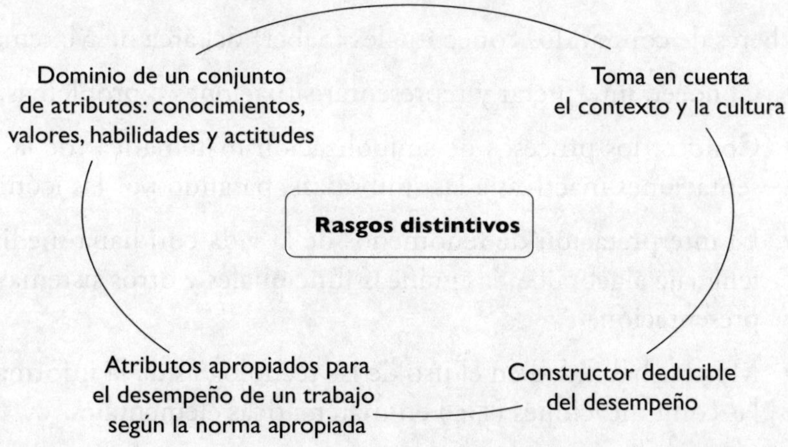

Algunas de las competencias que se consideran clave en la formación profesional docente son las relacionadas con la incorporación de las nuevas tecnologías de la información y la comunicación (NTIC) en el currículo, como herramientas para el desarrollo del análisis crítico y de la creatividad, al grado que quienes las dominen desplazarán a quienes no lo hagan.

1.5 Competencias profesionales de áreas de conocimiento

Algunos ejemplos de saberes necesarios que se sugiere se aborden para el dominio de competencias para el desempeño docente en áreas del conocimiento de la educación secundaria son:

Saberes de contenidos conceptuales (Saber) del área de Lenguas:

- Conocer los fundamentos lingüísticos, psicolingüísticos, sociolingüísticos y didácticos del aprendizaje de lenguas y ser capaz de evaluar su desarrollo y competencia comunicativa.
- Dominar las lenguas oficiales de su comunidad y mostrar una correcta producción y comprensión lingüística.
- Conocer las orientaciones metodológicas para el acercamiento de los alumnos al texto literario mediante la animación de la lectura y la producción textual.
- Conocer las principales obras de la literatura infantil y evaluar las edades a las que pueden ir dirigidas.

Saberes de contenidos conceptuales (Saber) del área de Matemáticas:

- Conocer, interpretar y representar situaciones o problemas.
- Conocer los procesos de simbolización matemática (de las representaciones inactivas a las simbólicas, pasando por las icónicas).
- La interpretación de fenómenos de la vida cotidiana mediante el lenguaje algebraico, las gráficas funcionales y otros sistemas de representación.
- Mostrar habilidad en el uso de las tecnologías de la información y las comunicaciones (TIC) en matemáticas elementales.

- Reconocer las matemáticas como instrumentos de modelización de la realidad.
- Conocer los aspectos curriculares relacionados con la matemática y puestos en práctica en el aula de educación secundaria (real o simulada) de secuencias didácticas.
- Conocer la puesta en práctica, control autorizado y evaluación de alguna secuencia de aprendizaje matemático elaborada en el aula de educación secundaria (real o simulada).
- Ser capaz de gestionar un aula de matemáticas conociendo los aspectos interactivos que intervienen, facilitando la motivación y permitiendo un adecuado tratamiento de la diversidad del alumnado.
- Reflexionar a partir de la práctica escolar matemática sobre el desarrollo profesional.

Saberes de contenidos conceptuales (Saber) del área de Ciencias Naturales:

- Conocer y entender los contenidos actitudinales, conceptuales y procedimentales (experimentar, observar, describir, anticipar, argumentar, etc.) propios de las ciencias experimentales en el nivel de educación secundaria, y cómo éstos deben ser integrados para el aprendizaje de los alumnos.
- Conocer los campos temáticos de interrelación de las ciencias con otras áreas y en especial en aspectos de educación tecnológica, educación para la salud y educación medioambiental.
- Conocer los elementos básicos de la didáctica de las ciencias experimentales y las distintas aproximaciones didácticas que actualmente se utilizan para adecuar los contenidos científicos y las actividades de forma que faciliten el desarrollo del pensamiento, del conocimiento científico, de la actitud crítica y de la autonomía.
- Conocer los rudimentos de los diversos lenguajes (dibujos, tablas, fórmulas, gráficos, etc.) y formas de comunicación (descripciones, definiciones, justificaciones, etc.) propias de las ciencias experimentales.

- Conocer las características de las principales dificultades en el aprendizaje-enseñanza de las ciencias experimentales, así como las particularidades más usuales del conocimiento de los alumnos (conocimiento previo) sobre los diversos temas del área de las ciencias experimentales y su influencia en el aprendizaje.
- Conocer la diversidad de recursos didácticos concretos, tanto de aula, como externos, para la enseñanza-aprendizaje de las ciencias experimentales y los criterios para decidir cómo y cuándo utilizarlos y adaptarlos a la diversidad de estudiantes y situaciones.
- Conocer las diversas aplicaciones de las nuevas tecnologías audiovisuales, de la información y la comunicación en la enseñanza de las ciencias experimentales, y cómo y cuándo utilizarlas para facilitar el aprendizaje de las ciencias experimentales.
- Conocer la diversidad de recursos evaluativos y autoevaluativos en la enseñanza de las ciencias experimentales, y cómo utilizarlos para profundizar en la formación de los estudiantes.

Saberes de contenidos conceptuales (Saber) del área de Ciencias Sociales:

- Reconocer en las situaciones sociales y personales cotidianas oportunidades para desarrollar actitudes positivas y creativas en los educandos.
- Conocer las características epistemológicas y de construcción social del conocimiento científico en temas sociales y sus implicaciones en la enseñanza.
- Identificar el conocimiento social como producto de una construcción científica mediante la aplicación del método científico.
- Identificar, establecer y relacionar los núcleos conceptuales que definen la didáctica y la epistemología de la Historia y la Geografía.
- Identificar en los currícula de geografía e historia en la etapa de educación secundaria los contenidos, técnicas, métodos y criterios de evaluación de estas disciplinas.

Saberes de contenidos conceptuales (Saber) del área de Psicología:

- Conocer las funciones, características y limitaciones de los distintos modelos teóricos de la psicología.
- Conocer las leyes de los distintos procesos psicológicos.
- Conocer los procesos y etapas principales del desarrollo psicológico a lo largo del ciclo vital en sus aspectos de normalidad y anormalidad.
- Conocer los fundamentos biológicos de la conducta humana y de las funciones psicológicas.
- Conocer los principios psicosociales del funcionamiento de los grupos y las organizaciones.
- Conocer la dimensión social y antropológica del ser humano considerando los factores históricos y socioculturales que intervienen en la configuración psicológica humana.
- Conocer distintos métodos de evaluación, diagnóstico y tratamientos psicológicos en diferentes ámbitos aplicados a la psicología.
- Conocer distintos diseños de investigación, los procedimientos de formulación y contrastación de hipótesis y la interpretación de los resultados.
- Conocer los distintos campos de aplicación de la psicología y tener los conocimientos necesarios para incidir y promover la calidad de vida en los individuos, grupos, comunidades y organizaciones en los distintos contextos (escolar, clínica y salud, trabajo y organizaciones y comunitario).

Saberes de contenidos procedimentales (Saber-Hacer) del área de Lenguas:

- Ayudar a los alumnos a valorar el respeto a la diversidad lingüística del país como elemento de riqueza cultural y de identidad de los pueblos.
- Ser capaz de utilizar los recursos audiovisuales y las NTIC aplicadas a la enseñanza de las lenguas, de un modo creativo.

- Conocer y saber aplicar las distintas estrategias metodológicas para la enseñanza de la comunicación oral, la lectura y la escritura, potenciando tanto la adquisición de su decodificación como de su comprensión.
- Planificar y desarrollar actividades conducentes a la mejora de la expresión y comprensión oral y escrita en las distintas áreas del currículo.
- Tomar conciencia del papel del conocimiento metalingüístico y diseñar actividades para el desarrollo de los procesos de autocontrol y creatividad.
- Ser capaz de identificar a los educandos con problemas de lenguaje oral y escrito, así como orientar a sus padres.
- Reconocer como elemento de riqueza e integración en las actividades de clase las lenguas de todos sus estudiantes (incluyendo las lenguas no oficiales).
- Ser capaz de seleccionar un conjunto de obras literarias de trabajo a lo largo de todo el curso, ajustadas al ciclo educativo.
- Incorporar a sus actividades docentes elementos informativos, publicitarios y recreativos procedentes de los medios de comunicación de masas, especialmente la televisión, desde una perspectiva crítica.
- Promover y utilizar la prensa diaria escrita como recurso didáctico, y como contenido, estimulando el acercamiento de los estudiantes a este medio.

Saberes de contenidos procedimentales (Saber-Hacer) del área de Matemáticas:

- Utilizar estrategias de investigación, propuesta y resolución de problemas tanto en situaciones no escolares como escolares.
- Usar y hacer usar a los estudiantes los números y sus significados, ser capaz de medir y usar relaciones métricas, ser capaz de representar y usar formas y relaciones geométricas del plano y del espacio, ser capaz de analizar datos y situaciones aleatorias en situaciones diversas, tanto en situaciones no escolares como escolares.

- Saber utilizar el lenguaje algebraico y saber expresar y usar regularidades y dependencias funcionales tanto en situaciones no escolares como escolares.
- Diseñar secuencias didácticas de matemáticas para educación secundaria.
- Dar respuestas matemáticas a la diversidad en el aula.
- Saber utilizar programas informáticos generales y matemáticos y las tecnologías de la información para mejorar el proceso de enseñanza-aprendizaje.
- Saber diseñar actividades interdisciplinares de las matemáticas con otras áreas del currículo.
- Tener capacidad de reflexionar sobre el proceso de enseñanza-aprendizaje, ser consciente de los diferentes tipos de discurso y organización de aula que se pueden utilizar en matemáticas a fin de mejorarlo, reconociendo las especificidades del área de matemáticas.

Saberes de contenidos procedimentales (Saber-Hacer) del área de Ciencias Naturales:

- Ser sensible al interés de los alumnos y capaz de utilizar los recursos adecuados para motivarlos en el aprendizaje de las ciencias y fomentarles una actitud favorable hacia la ciencia y sus aplicaciones.
- Saber reconocer la diversidad de los estudiantes y explicitar su conocimiento, situar éste en relación con el conocimiento científico y diseñar o seleccionar intervenciones didácticas para facilitar el desarrollo del conocimiento científico.
- Tener las habilidades comunicativas necesarias para desenvolverse de manera efectiva en las distintas situaciones y con los diversos lenguajes propios de la enseñanza de las ciencias (tablas, experiencias, explicaciones, justificaciones, debates, etc.) y ser capaz de sintetizar y resumir situando acuerdos, ideas y propuestas en el marco del conocimiento científico y del proceso de aprendizaje.
- Saber fomentar la interdisciplinariedad de las ciencias y el resto de áreas curriculares en la enseñanza de la educación secundaria,

atendiendo principalmente a sus aplicaciones tecnológicas, la prevención de la salud y la preservación del medio ambiente.

- Dominar las habilidades propias del trabajo experimental y de campo.
- Saber integrar las nuevas tecnologías audiovisuales e informáticas en la enseñanza de las ciencias.
- Mantener la curiosidad intelectual respecto a la cultura científica y saber incorporar los cambios sociales, tecnológicos y culturales del área de ciencias.

Saberes de contenidos procedimentales (Saber-Hacer) del área de Ciencias Sociales:

- Analizar programaciones por ciclos de la Historia, la Geografía y otras ciencias sociales a lo largo de la etapa de educación secundaria.
- Exponer el proceso de la conceptualización del tiempo en general y del tiempo histórico en particular (sucesión, simultaneidad, duración, ritmo, etc.) entre los 12 y 18 años.
- Exponer y aplicar las técnicas y métodos propios de la Historia (categorías temporales, representaciones de ciclos y etapas, uso de fuentes históricas, empleo de vocabulario específico, elaboración de hipótesis, etc.); de la Geografía (orientación y medida del espacio, representación gráfica y cartográfica, observación directa, análisis del paisaje, etc.) y de otras ciencias sociales (métodos cuantitativos y cualitativos de las ciencias sociales, estudio de caso único, etc.).
- Identificar, clasificar y elaborar tipologías de actividades de aprendizaje para la enseñanza de la Historia, la Geografía y otras ciencias sociales.
- Elaboración de unidades didácticas y unidades de programación de contenidos propios del área de conocimiento.
- Saber integrar las nuevas tecnologías, tanto informáticas como audiovisuales, en la enseñanza de la historia, la geografía y otras ciencias sociales.

- Promover el desarrollo de la identidad cultural a través del conocimiento histórico y social.

Saberes de contenidos procedimentales (Saber-Hacer) del área de Psicología:

- Saber analizar necesidades y demandas de los destinatarios de la función en diferentes contextos.
- Ser capaz de planificar y realizar una entrevista.
- Ser capaz de describir y medir variables (personalidad, inteligencia y otras aptitudes, actitudes, etc.) y procesos cognitivos, emocionales, psicobiológicos y conductuales.
- Ser capaz de identificar diferencias, problemas y necesidades.
- Ser capaz de diagnosticar siguiendo los criterios propios de la profesión.
- Saber describir y medir los procesos de interacción, la dinámica de grupos y la estructura grupal e intergrupal.
- Saber describir y medir los problemas y necesidades organizacionales e interorganizacionales.
- Saber seleccionar y administrar los instrumentos, productos y servicios, y ser capaz de identificar a las personas y grupos interesados.
- Saber contrastar y validar instrumentos, productos y servicios (prototipos y pruebas piloto).
- Ser capaz de definir objetivos, elaborar un plan de intervención y saber elegir las técnicas de intervención psicológica adecuadas para lograr los objetivos.
- Saber planificar la evaluación de los programas e intervenciones y ser capaz de seleccionar y construir indicadores y técnicas de medición para evaluar los programas y las intervenciones.
- Saber analizar e interpretar los resultados de la evaluación.
- Saber proporcionar retroalimentación a los destinatarios y ser capaz de elaborar informes orales y escritos.
- Conocer y ajustarse a las obligaciones deontológicas de la psicología.

Saberes de contenidos actitudinales (Saber-Ser) o de valores en las profesiones:

- Compromiso. Obligación contraída, palabra dada, fe empeñada; convenio por el que las personas se comprometen a aceptar una determinada acción.
- Prudencia. Capacidad de distinguir y discernir lo bueno y lo malo, para seguirlo o huir. Templanza, moderación, buen juicio, cautela, circunspección, precaución. Capacidad de actuar con sensatez y moderación, tratando de evitar peligros o daños innecesarios.
- Justicia. Virtud que se inclina en dar a cada uno lo que le pertenece: derecho, razón, equidad. Lo que debe hacerse según derecho y razón.
- Fortaleza. Vencer el temor y huir de la temeridad. Fuerza moral para realizar una acción o soportar un sufrimiento.
- Calidad. Superioridad o excelencia de una persona, derivado de sus cualidades o propiedades.
- Sencillez. Que no tiene artificio ni composición; que carece de ostentación y adorno; que no ofrece dificultad; ingenuo en el trato, sin doblez ni engaño y que dice lo que siente.
- Adaptabilidad al cambio. Lograr que alguien modifique sus hábitos, sus tendencias o su capacidad de manera adecuada a unas circunstancias o situaciones nuevas.
- Temple. Estado afectivo o emotivo por el cual un individuo se siente de una forma determinada frente a sí mismo y frente al mundo. Serenidad y dominio determinados por disposiciones fisiológicas, psicológicas o espirituales.
- Perseverancia. Firmeza y constancia en la ejecución de los propósitos y en las resoluciones del ánimo. Mantenerse en una idea, acción o actitud.
- Integridad. Recto, probo, intachable, honradez y rectitud inalterables.
- Iniciativa. Acción de adelantarse a los demás en hablar u obrar. Propuesta o decisión de encarar algo nuevo.

- Innovación. Introducir novedades en algo, calidad de acabar de hacerse o aparecer.
- Flexibilidad. Disposición del ánimo a ceder y acomodarse fácilmente a un dictamen. Capacidad para amoldarse a distintas circunstancias o condiciones.
- Autocontrol. Dominio, mando, preponderancia sobre sí mismo. Control de las propias emociones y reacciones.
- Desarrollo personal. Dar mayor magnitud o importancia a los rasgos personales. Crear o producir.
- Conciencia organizacional. Conocimiento inmediato o espontáneo de una realidad. Establecer o reformar una cosa, sujetando a reglas el número, orden, armonía y dependencia de las partes que la componen o han de componerla.

La educación basada en competencias está centrada en el aprendizaje permanente, o educación a lo largo de la vida, que se inscribe en el marco de una economía basada en el conocimiento.

El aprendizaje permanente ya no sólo es un aspecto de la educación y la formación; tiene que convertirse en el principio director para la oferta de servicios y la participación a través del conjunto indivisible de contextos didácticos.

En esta perspectiva, el sistema educacional en su conjunto, debe proporcionar las herramientas necesarias para hacer frente a los desafíos del mundo del trabajo a lo largo de la vida de los sujetos: la escuela básica, incluyendo la secundaria, debería proporcionar competencias generales y de actitud o personalidad –empleabilidad del trabajador– y permitir la exploración de distintos caminos laborales a los estudiantes, mientras que las instituciones postsecundarias estarían llamadas a desarrollar las competencias ocupacionales específicas.

En este sentido el currículo debería ser más sensible a este tipo de requerimientos y adecuar contenidos y metodologías en función de las necesidades productivas de la sociedad.

El concepto de competencia que se introduce representa un modelo derivado del concepto de cualificación, que remite a saberes, habilidades y actitudes individuales para el desempeño laboral, capaces de enfrentar los desafíos de la complejidad que caracteriza los contenidos en la nueva organización del trabajo.

La práctica docente necesaria para propiciar el dominio de competencias profesionales implica, por tanto, un mínimo de criterios metodológicos:

- Planear una formación centrada en el aprendizaje, no en la enseñanza.
- Situar la práctica como recurso para consolidar lo que saben los educandos.
- Fomentar la autoorganización y autodirección de los aprendizajes.
- Aplicar aprendizajes en situaciones y problemas reales.
- Practicar en situaciones de realidad concreta como base de la teoría.
- Estimular procesos reflexivos y activos.
- Considerar diferentes contextos y cultura.
- Promover el aprendizaje mediante situaciones problemáticas.
- Reconocer distintas vías para aprender.

Con base en lo anterior, la didáctica apropiada debe:

- Integrar el aprendizaje a situaciones reales de trabajo.
- Construir condiciones de aplicación: talleres, trabajo de campo, prácticas, ensayos, microenseñanza, tesis, etc.
- Diseñar experiencias de aprendizaje que permitan diferentes soluciones.
- Propiciar el trabajo colaborativo.
- Confrontar situaciones reales con sistematización teórica.
- Priorizar la construcción de opciones de estrategias y su aplicación.

La articulación de la práctica docente para el dominio de los comportamientos (aprendizajes) de las competencias, implica modelos de relación pedagógica que subrayan las capacidades de conocimiento, procedimientos y actitudes en desempeños específicos: estudio de casos, aprendizaje basado en problemas (ABP), aprendizaje basado en proyectos, aprendizaje cooperativo, contrato de aprendizaje, entre otros.

1.6 Evaluación de competencias

Es de la mayor importancia para los docentes el dominio de competencias para evaluar las competencias de los educandos, dado que no tienen plena vigencia las técnicas e instrumentos tradicionales de una educación basada en la enseñanza aúlica.

La evaluación, en la perspectiva de la educación basada en competencias, debe considerarse como un proceso sistemático, continuo, integral, científico y participativo destinado a diagnosticar, controlar, interpretar y orientar o reorientar el proceso educativo.

La evaluación cualitativa está centrada en la *valoración* del proceso de aprendizaje, lo cual implica que los datos o evidencias observadas no se asuman de modo directo, sino que deben someterse a una *interpretación*, es decir deben *estimarse* con base en un sistema de *categorías* y/o *criterios*.

En todos los casos, se trata de datos referidos a las capacidades, comportamientos, actitudes, intencionalidades, valores u opiniones de los educandos; el empleo de categorías o criterios permite *apreciar* logros, *mejoras* de procesos o *valoración* de ambos.

Para el tratamiento de la información recogida por múltiples medios, la evaluación criterial la *clasifica* o *categoriza*, en lugar de emplear puntuaciones. La clasificación consiste en la determinación de *clases* y la categorización, de categorías (no conceptos), para lo cual se requiere se haga sobre la base de determinados criterios, los cuales no son generalizables en tiempo, ni espacio, sino basados en el contexto situacional en que se produce la evaluación.

Si no se especifican los criterios desde los cuales se determinan clases y categorías, la evaluación puede usarse arbitrariamente en distintos espacios y tiempos por un mismo docente o por docentes distintos en el mismo proceso de aprendizaje.

Es diferente que a un mismo proceso o a un mismo nivel de resultados se le atribuyan distintas valoraciones con el empleo de categorías o criterios, dado que éstos constituyen elementos de referencia para la emisión de juicios de valor.

La valoración del proceso y resultados del aprendizaje pretende describir el avance individual de los educandos, independientemente del avance de los demás miembros del grupo. Se trata de decidir si un educando progresa o no hacia el logro especificado en el criterio o categoría o hacia el nivel especificado por la competencia.

En síntesis, la evaluación en el marco conceptual de la educación basada en competencias, debe ser *cualitativa* en cuanto se dirija a los procesos de aprendizaje; y *cuantitativa* en cuanto se dirija a los resultados sumativos finales.

El aprendizaje de *conceptos* permite que los educandos *comprendan, signifiquen* y le den *sentido* a la información (hechos: sucesos o acontecimientos, y datos: documentos, testimonios) que describen la realidad física y social.

Los cuerpos teóricos se constituyen por la combinación de *principios* y *sistemas conceptuales*, lo cual permite explicar determinadas *clases de objetos* de la realidad, a partir de reconocerles ciertos atributos específicos.

Los principios son *generalizaciones* de un alto nivel de *abstracción*. Los sistemas conceptuales son *redes de ideas* que se concatenan y que mantienen una unidad semántica. Ambos sirven para explicar determinadas clases de hechos y fenómenos de la realidad concreta (Pozo, 1992).

Los aprendizajes significativos son posibles cuando se emplean principios y conceptos, es decir cuando el aprendizaje no se limita a la memorización de hechos y datos, sino se aspira a comprenderlos, articulando el conocimiento que posee el educando con un contenido nuevo.

La diferencia en el modo de aprender de los alumnos implica un modo igualmente diferenciado de enseñanza y, consecuentemente, un modo diferenciado de evaluación.

Con base en las explicaciones sobre la construcción del conocimiento físico, lógico matemático y social aportadas por la epistemología genética (Piaget, 1974), las estrategias de enseñanza deben procurar aprendizajes significativos (Ausubel, 1976), para lo cual se requiere abordar contenidos potencialmente significativos por sí mismos, y que la estrategia de enseñanza propicie explicar la estructura lógica de las relaciones semánticas que subyacen en los conceptos abordados en esos contenidos. Se trata de un aprendizaje que consiste en *saber pensar*.

La función que cumple la evaluación *inicial* de los contenidos conceptuales consiste en definir la estructura psicológica de los educandos:

- Determinar los conocimientos previos ausentes que los educandos necesitan dominar para que tengan la posibilidad de enlazarlos con el conocimiento de conceptos nuevos (organizadores previos).
- Identificar preconceptos y conceptos erróneos capaces de interferir con los nuevos aprendizajes.
- Plantear conflictos cognitivos que provoquen cambios conceptuales.

El concepto piagetano de *asimilación* implica una interacción entre el conocimiento conceptual que posee el educando y la integración de nuevos conceptos, lo cual amplía y modifica los significados, mediante procesos de análisis y síntesis, diferenciación e integración en un *aprendizaje subordinado* y *combinatorio* (Ausubel, 1976) dentro de una *jerarquía conceptual*.

La evaluación *formativa* o *procesual* cumple la función de caracterizar cómo se desarrolla la estructura psicológica de los educandos, es decir: visualizar cómo van asimilando nuevos conceptos, cómo se van explicando las relaciones semánticas y jerárquicas entre ellos en relación con un determinado sistema conceptual (Vygotsky, 1934); evaluación del aprendizaje de principios, que implica evaluar las explicaciones *lógicas* de las relaciones causa-efecto y correlacionales, significando *premisas* y *conclusiones* sustentadas por un cuerpo teórico; y evaluación de conceptos, que implica evaluar sus *relaciones semánticas*, *atributos*, *componentes funcionales*, y aun su *morfología*.

A diferencia del aprendizaje de contenidos conceptuales que se refieren a *saber pensar*, el de los contenidos procedimentales se refiere a *saber hacer*, es decir a las representaciones de cómo se construye algo.

La especificidad del aprendizaje de contenidos procedimentales implica:

- Explicar cómo se procede para usar la información adquirida; conocer qué hacer y cuando; condiciones y decisiones.
- Representar, mediante constructos esquemáticos, las relaciones en el tiempo y el espacio de las acciones.
- Dominar parcial, gradual y articuladamente el proceso de aprendizaje para emplearlos en situaciones concretas.
- Valorar el sentido de los procedimientos seguidos en acciones específicas.

(Anderson, 1987; Valls, 1994; Gagné, 1991; Monereo, 1994).

Es un aprendizaje integral que articula conocimiento, comprensión y valoración, aunque continuamente se privilegia alguna de estas dimensiones, pero sin ignorar las otras cuando se incide en los procedimientos que se siguen en el proceso de aprendizaje, se busca identificar la capacidad que alcanzan los educandos para apropiarse del control y valoración de sus propios aprendizajes, así como para decidir las adecuaciones que les permitan darles sentido.

El conocimiento y comprensión del proceso que se sigue en la adquisición de aprendizajes y las correcciones que se derivan de ese conocimiento y comprensión constituyen los contenidos de evaluación de los contenidos procedimentales.

Una propuesta de evaluación considera tres dimensiones:

1. Adquisición de información sobre el procedimiento

El aprendizaje parte del conocimiento de planes y criterios respecto a *qué se hace, cómo se hace, por qué y hacia qué intencionalidad*, lo cual se expresa en forma de *instrucciones, reglas, principios, fórmulas*, etc.

En consecuencia, a la evaluación de contenidos procedimentales le interesa conocer el curso de acción ordenado y orientado, por ejemplo: operaciones y decisiones, diagramas de flujo, símbolos, datos, fenómenos, textos, aparatos, materiales, códigos, imágenes, lenguajes, escalas. Objetivos de la acción: metas educativas, objetivos de la tarea, objetivos del docente, objetivos del educando. Toma de decisiones de ajuste: detección de progresos, detección de obstáculos, detección de errores, condiciones de desarrollo del proceso y conocimiento del procedimiento previsto.

2. Aplicación específica del conocimiento

El aprendizaje de contenidos procedimentales trata de asegurar una manera de comportamiento determinado en términos de eficacia, rapidez, orden, ajuste, organización e integración. Es la práctica de un procedimiento específico.

Según Valls (1994) las cualidades básicas de la ejecución de procedimientos son tres: *composición* y *organización:* cumplimiento de todos los pasos del procedimiento; respeto por el orden previsto de los pasos; seguridad en la ejecución; precisión en la ejecución; facilidad en la ejecución y velocidad adecuada. *Automaticidad:* ejecución completa del procedimiento sin interrupciones, titubeos, ni indecisiones; realización simultánea con otras tareas; asesoría innecesaria durante la ejecución; simplificación de operaciones. *Funcionabilidad:* flexibilidad para aplicarse en distintas circunstancias; probabilidad de ejecutarse con facilidad; probabilidad de selección para las situaciones apropiadas; posibilidad de que el educando tome conciencia sobre el procedimiento que ejecuta y sobre su control.

El dominio de estas cualidades es posible mediante su práctica, en una perspectiva que construya experiencia, es decir una práctica reflexiva, no con una práctica reproductora y mecánica. La experiencia es el resultado de la práctica contextualizada, diversificada y significativa.

La evaluación del ajuste de las ejecuciones se basa en analizar el contexto en que la práctica ocurre, analizar la complejidad del procedimiento, determinar los conocimientos del educando sobre el procedimiento de la ejecución y el flujo de las interacciones educador-educando.

3. Sentido del aprendizaje

El sentido implica que el aprendizaje procedimental tenga tal relación con el desarrollo cognitivo y afectivo del educando, que éste lo considere como necesario para enfrentar su contexto sociohistórico. Se trata de aprendizajes significativos que le permiten considerar que posibilitan su desarrollo, su crecimiento y su realización.

La evaluación de esta dimensión de los contenidos procedimentales se orienta a indagar sobre el educando: autoconcepto, motivación, autoestima, autoeficacia y expectativas.

Este tipo de evaluación no está centrada en los productos terminales, sino en el proceso mediante el cual el educando va asimilando, comprendiendo y dominando los contenidos de aprendizaje previstos.

Las actitudes pueden caracterizarse como:

Una *predisposición* de *aceptación* o *rechazo* afectivo hacia algo. La *indiferencia es la ausencia* de la predisposición; una *experiencia* que implica tres componentes estructurales: *conocimientos, comportamientos y afectividad*, necesarios para contextualizar el objeto actitudinal; una *irradiación* de la predisposición hacia objetos o situaciones con los que se relaciona la actitud; un aprendizaje duradero que consiste en un proceso interno de cada persona generado por sus interacciones con el contexto en que se inserta; una condición dinámica que evoluciona, se modifica y se intercambia.

Las actitudes, como los valores, se pueden enseñar y aprender en la escuela. De la conceptualización anterior se deduce que en la evaluación de actitudes y valores se requiere, en primer término, definir los objetos actitudinales y sus concreciones en términos de comportamientos verbales y conductuales en sentido positivo y en sentido negativo; y en segundo lugar, determinar las técnicas e instrumentos apropiados para capturar la información necesaria y pertinente para valorar esas concreciones.

Dado que es el contexto socioeconómico y cultural donde se generan las actitudes, los objetos actitudinales son diversos.

En la perspectiva de la evaluación procesual y formativa, básicamente se puede emplear en seis ámbitos: el clima social de la institución; el clima social del aula; estudiantes y profesores entre sí y hacia el currículo; la metodología de enseñanza: contenidos, medios educativos, procesos y resultados; el proceso de formación de los estudiantes: antes, durante y después; la relación del contexto social: padres de familia, organismos y organizaciones de la comunidad; y la condición mediadora de las propias actitudes para potencializar los aprendizajes.

La naturaleza teórica de las actitudes y su condición personal interna y cultural obligan a considerar las exigencias de la evaluación para acceder a las expresiones que se supone se derivan de ellas: lenguajes, conductas, reacciones fisiológicas; inferencias, interpretaciones; dirección, proximidad e intensidad, dado que al no ser estructuras objetivas no pueden ser observadas.

Los aprendizajes de contenidos actitudinales requieren de tiempo para adquirirse.

Cada competencia tiene diversos comportamientos en términos de aprendizajes conceptuales, procedimentales y actitudinales o valores, que requieren abordajes diferenciados.

Uno de los instrumentos más utilizados es el portafolio, que consiste en "una colección de trabajos del estudiante, que nos cuenta una historia de sus esfuerzos, su progreso y logros en un área determinada. Esta colección incluye la participación del estudiante en la selección del contenido del portafolio, las guías para la selección, los criterios para juzgar méritos y la prueba de su autorreflexión" (Arter y Spandel, 1992, 36).

El uso del portafolio es un proceso educativo en sí mismo, dado que su propio desarrollo debe evaluarse y su realización es una fase del aprendizaje continuo. Esto significa que incluye más que un indicador de logro.

De igual manera, el portafolio es útil para varios tipos de evaluación: disertaciones, proyectos de investigación, grabaciones de vídeo de presentaciones de aprendizaje. Permite la promoción del aprendizaje individual y promueve habilidades de pensamiento.

Una diversidad de enfoques técnicos y de instrumental puede considerarse como parte del portafolio.

En los cuadros presentados a continuación se muestra un esquema de esas posibilidades.

Cuadro 1.7 Aprendizajes conceptuales

Aprendizajes conceptuales
(Lorenzo, 2002)

Observación directa	Escalas, fichas carpetas	Conductas, actitudes conceptos
Observación participante	Libro de códigos	Procesos
Trabajos	Demostraciones, categorización, problemas	Originalidad, aplicación de conceptos
Trabajo colaborativo	Escalas	Organización
Autoevaluación	Diálogos, puesta en común	Aportaciones, argumentos
Coevaluación	Discusión metacognitiva	Inferencias, contradicciones
Discurso escrito	Ensayo	Asimilación, análisis, síntesis
Discurso oral	Entrevista, *role playing*	Análisis significativo
Estructura cognitiva	Mapas conceptuales	Relaciones semánticas
Narrativa	Autobiografía, conversatorios	Reflexión, perspectivas, innovación
Autoinforme	Sociograma	Dimensiones cualitativas, estructura grupal

Cuadro 1.8 Evaluación procedimental

Evaluación procedimental
(Cabrerizo, 2002)

Pruebas específicas	Escritas, abiertas, exposiciones verbales, resolución de problemas
Observación sistemática	Escalas, diarios de clase, listas de control, registro anecdótico
Análisis de productos	Monografías, resúmenes, análisis de contenido cuadernos de campo, textos escritos, producciones plásticas, musicales y motrices, investigaciones

Cuadro 1.9 Evaluación de actitudes

Evaluación de actitudes
(Bolívar, 2002)

Métodos de observación	Registros anecdóticos Listas de control, diarios	Conductas incidentales, rasgos y características
Técnicas proyectivas	C.A.T. y T.A.T., Symonds, Rorscharch	Reacciones ante estímulos específicos
Análisis del discurso	Dilemas, debates, puestas en común, relatos	Secuencia de hechos, dimensión espacial, dinámica interactiva, interpretación
Análisis de producciones	Cuadernos de trabajo, disertaciones, informes	Relatos, actividades de aula
Actividades de aprendizaje	Lectura crítica de textos	Cuestiones de la vida cotidiana
Escalas y autoinformes	Thurstone, Güttman, Borgadus, Osgood, Sociograma	Posición personal aceptación-rechazo, juicios polares

Capítulo 2.

Formación docente para la interculturalidad

2.1 Hominización

Conocer lo humano es, principalmente, situarlo en el universo y a la vez separarlo de él. Preguntarnos: ¿Quiénes somos? ¿Dónde estamos? ¿De dónde venimos? ¿A dónde vamos? ¿Qué significa la condición humana? ¿Qué tiene que ver con la educación?

Recientemente se ha abandonado la idea de un universo ordenado, perfecto, eterno, por la idea de un universo que nace de la irradiación, en el devenir disperso donde actúan de manera complementaria, competente y antagónica, orden, desorden y organización. Estamos en un gigantesco cosmos en expansión constituido por miles de millones de galaxias y miles de miles de millones de estrellas; y aprendimos que nuestra Tierra es el tercer satélite de un astro mínimo, que no es más el centro del universo, sino uno en la periferia de una pequeña galaxia, desde hace cinco mil millones de años.

Las partículas de nuestro organismo habrían aparecido desde los primeros segundos de nuestro cosmos hace quince mil millones de años: un poco de sustancia física se organizó sobre la tierra de manera termodinámica; a través del remojo marino, de la preparación química y de las descargas eléctricas, tomó vida; la vida es solariana: todos sus constituyentes han sido forjados en un sol y reunidos en un planeta por el sol; desde hace cuatro mil millones de años, de un torbellino macromolecular surgió la organización viviente, como una pajilla de la diáspora cósmica, unas migajas de la existencia solar, un menudo brote de la existencia terrenal; de seis a siete millones de años atrás, cuando los humanos empezaron a distanciarse de sus antecesores más cercanos, los primates, se inició una aventura coronada por un desarrollo espectacular.

Para ello fue necesario el surgimiento y también la extinción de multitud de especies de homínidos.

Cuadro 2.1 Cronoligía de los homínidos

HOMO	AÑOS
Sahelantrhropus tchadensis	7 a 6 millones
Orririn tugenensis	6 millones
Australopithecus anamensis	5.7 a 4.5 millones
Australopithecus afarensis	4.2 a 4.0 millones
Kenyanthropus platyops	3.5 millones
Paranthropus aethiopicus	2.6 a 2.3 millones
Rudolfensis	2.2 a 1.5 millones
Paranthropus boisei	2.2 a 1.0 millones
Habilis	1.8 millones
Paranthropus robustus	1.8 a 1.0 millones
Antecessor	1.0 a 0.8 millones
Sapiens	0.6 millones
Heidelbergensis	0.6 a 0.03 millones
Neanderthalensis	0.6 a 0.3 millones
Floresiensis	18 mil años

La historia humana comenzó con una diáspora planetaria sobre todos los continentes; luego entró, a partir de los tiempos modernos, en la era planetaria de la comunicación entre los fragmentos de la diáspora humana; "Sólo el sabio mantiene el todo en la mente, jamás olvida el mundo, piensa y actúa en relación con el cosmos" (Groethuysen). "Por primera vez, el hombre ha comprendido realmente que es un habitante del planeta, y tal vez piensa y actúa de una nueva manera, no sólo como individuo, familia o género, Estado o grupo de Estados, sino también como planetario" (Vemadski).

Hemos entrado en la era planetaria desde el siglo XVI y estamos, desde finales del siglo XX, en la fase de la mundialización. La mundialización, como fase actual de la era planetaria, significa primero, como lo dijo el geógrafo

Jacques Lévy "El surgimiento de un objeto nuevo: el mundo como tal". En la época de las telecomunicaciones, de la información, de la Internet, estamos sumergidos por la complejidad del mundo, y las innumerables informaciones sobre éste ahogan nuestras posibilidades de inteligibilidad.

Este planeta necesita un pensamiento policéntrico capaz de apuntar a un universalismo no abstracto sino consciente de la unidad / diversidad de la humana condición; un pensamiento policéntrico alimentado de las culturas del mundo. Educar para este pensamiento es la finalidad de la educación del futuro que debe trabajar en la era planetaria para la identidad y la conciencia terrenal. La planetarización se desarrolla por el aporte de la civilización europea a los continentes, sus armas, sus técnicas, sus concepciones en todas sus factorías, sus peajes y zonas de penetración. La planetarización engendra en el sigio XX dos guerras mundiales, dos crisis económicas mundiales y, luego en 1989, la generalización de la economía liberal llamada mundialización.

Se necesitaron sólo 80 días para que un intrépido viajero del siglo XIX, utilizando carreteras, ferrocarril y navegación a vapor diera la vuelta a la tierra. A finales del siglo XX, el jet logra el bucle en 24 horas. Y más aún, todo se presenta de manera instantánea de un punto a otro del planeta por televisión, teléfono, fax, Internet... El mundo se vuelve cada vez más un todo.

"El europeo, por ejemplo, se levanta cada mañana poniendo una emisora japonesa y recibe los acontecimientos del mundo: erupciones volcánicas, temblores de tierra, golpes de Estado, conferencias internacionales le llegan mientras toma su té de Ceilán, India o China, a no ser que sea un moka de Etiopía o una arábica de América Latina. Se pone su pantalón y camisa hechos en algodón de Egipto o de la India; viste chaqueta y pantalón en lana de Australia, fabricada en Manchester y luego en Roubaix-Tourcoing; o se pone una chaqueta de cuero traída de China con unos jeans estilo USA; su reloj es suizo o japonés; sus gafas son de carey de tortuga ecuatorial. Puede encontrar en su comida de invierno las fresas y cerezas de Argentina o Chile, las habichuelas frescas de Senegal, los aguacates o piñas de África, los melones de Guadalupe; tiene botellas de ron de Martinica, de vodka ruso, tequila mexicano, whisky americano; puede escuchar en su casa una sinfonía alemana dirigida por un director coreano, a no ser que asista ante su pantalla de video a la

Bohème con la norteamericana Bárbara Hendricks en el papel de Mimí y el español Plácido Domingo en el de Rodolfo" (Morín, 1999).

2.2 Multiculturalidad y pluralidad

El concepto de cultura no es unívoco, es polisémico, significa "...el conjunto de saberes, productos, valores... que para una sociedad resultan valiosos". También se le designa para mencionar a una persona que maneja un gran número y una gran variedad de saberes valiosos para una sociedad determinada. Antropológicamente, se refiere a "...aquel todo complejo que incluye conocimientos, creencias, arte, leyes, moral, costumbres y cualquier otra capacidad y hábitos adquiridos por el hombre en cuanto miembro de una sociedad" (Tylor, 1994, 7).

La cultura concebida como la tradición construida y cultivada por una comunidad a lo largo de varias generaciones compartiendo una lengua, una historia, unos valores, unas creencias y unas prácticas, los saberes, reglas, normas, interdicciones, estrategias, creencias, ideas, mitos que se transmiten de generación en generación, se reproducen en cada individuo, controlan la existencia de la sociedad y mantienen la complejidad psicológica y social, y que albergando ciertas expectativas comunes, se propone desarrollar un proyecto común.

Así, siempre hay la cultura en las culturas, pero la cultura no existe sino a través de las culturas. Las técnicas pueden migrar de una cultura a otra, pero hay en cada cultura un capital específico de creencias, ideas, valores, mitos y particularmente los que ligan una comunidad singular a sus ancestros, sus tradiciones, sus muertos.

Asumiendo las concepciones anteriores podemos asumir que la cultura es un conjunto de significados adquiridos y construidos. El hombre adquiere y construye estos significados como miembro de una (o unas) comunidades, y no exclusivamente como miembro de la comunidad. Es evolutiva, cambiante y diversificada debido a la heterogeneidad intracultural y a la permeabilidad intercultural. La cultura, en consecuencia, es entendida como cultivo de las capacidades humanas y como resultado del ejercicio de esas prácticas; y como estructura dentro de todo sistema social, constituye "el mundo propio del hombre", en el pensamiento de Scheler, caracterizado por el espíritu y por el proceso, tanto de humanización, como el que los productos culturales queden humanizados. La historia del hombre como historia de la cultura es al mismo tiempo la transformación de su mundo y la transformación del hombre. En este razonamiento, la cultura es todo aquello que tiene sentido para el hombre.

Gráfica 2.1 Sociedad multicultural

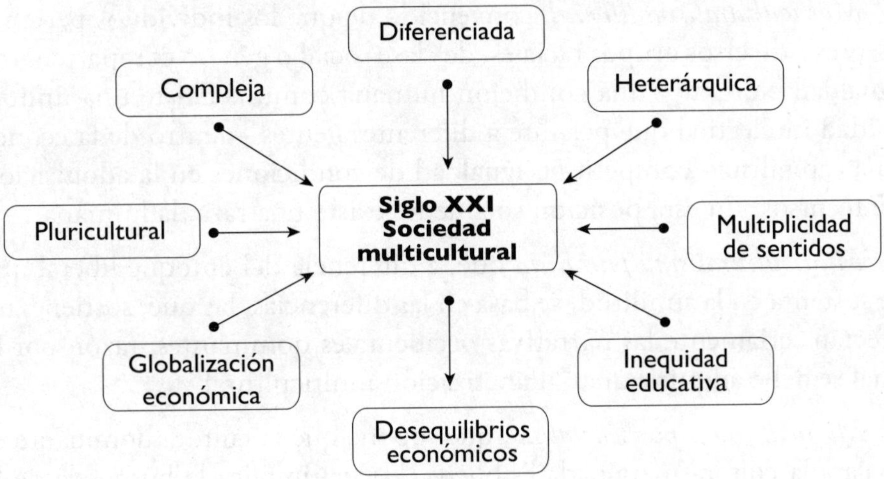

El término *multiculturalismo* es polisémico: alude a la diversidad de raza, clase socioeconómica, género, lenguaje, cultura, preferencia sexual o discapacidad. El multiculturalismo representa una condición del modo de vida del mundo occidental en los comienzos del siglo XXI: vivimos en una sociedad multicultural. Podemos asumir actitudes y comportamientos diferentes de esta realidad, pero cualquiera que sea el modo que escojamos para hacerlo, esta realidad no cambiará.

Hay por lo menos cinco tipos de posicionamientos multiculturales.

Gráfica 2.2 Posicionamientos multiculturales

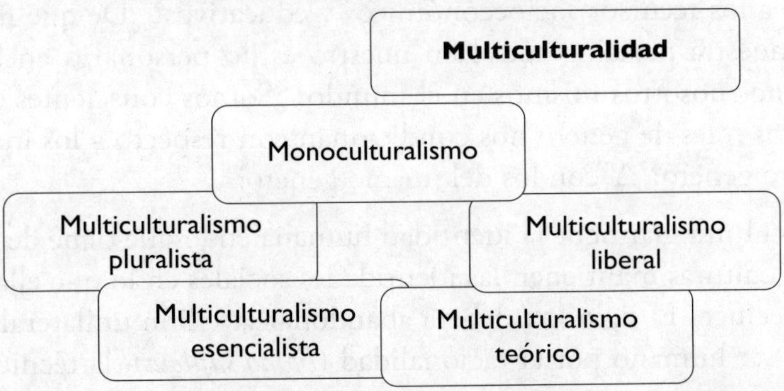

Multiculturalismo conservador o monoculturalismo, que asume la creencia de que la cultura patriarcal occidental es superior a todas las demás culturas. Representa un nuevo reconocimiento de la tradición colonialista de la supremacía del hombre blanco y por lo mismo se opone a todo movimiento de liberación étnica, sexual y social.

Multiculturalismo liberal, convencido de que los individuos pertenecientes a diversos grupos raciales, de clase social o género comparten una igualdad cultural y una condición humana común. Existe una uniformidad intelectual que permite a diferentes gentes –dentro de la economía capitalista– competir en igualdad de condiciones en la adquisición de recursos. En esta posición solamente existe una raza: la humana.

Multiculturalismo pluralista que, a diferencia del enfoque liberal que se sustenta en la similitud, se basa en las diferencias, las que, sostiene, no afectan seriamente las narrativas occidentales dominantes, razón por la cual se debe adquirir una "alfabetización multicultural".

Multiculturalismo esencialista, que supone que la cultura dominante es mala y la cultura marginada es buena, lo cual implica la búsqueda de la autenticidad en la identidad y en la historia, lo cual conduce a privilegiar la identidad como fundamento para la autoridad política y epistemológica.

Multiculturalismo teórico, que se interesa esencialmente por cuestiones de justicia y cambio social en relación con la pedagogía, entendida ésta como producción de identidad, es decir, el modo en que aprendemos a vernos nosotros mismos en relación con el mundo, a partir de preguntarnos: ¿Qué concepto tenemos de la raza y de la diferencia racial? ¿Cómo nos ven aquellos que no pertenecen a nuestro grupo racial o étnico? ¿Cómo configura nuestra raza, clase social y/o género nuestro acceso a los recursos socioeconómicos y educativos? ¿De qué modo influye nuestra posición social en nuestro estilo personal o en la forma de vernos nosotros mismos en el mundo? ¿Somos conscientes de cómo nuestros roles de género nos condicionan con respecto a los individuos del otro género? ¿Y con los del mismo género?

La cultura mantiene la identidad humana en lo que tiene de específico; las culturas mantienen las identidades sociales en lo que ellas tienen de específico. El siglo XXI deberá abandonar la visión unilateral que define al ser humano por la racionalidad (*homo sapiens*), la técnica (*homo faber*), las actividades utilitarias (*homo economicus*), las necesidades obligatorias (*homo prosaicus*). El ser humano es complejo y lleva en sí de manera bipolarizada los caracteres antagónicos.

Cuadro 2.2 Caracteres antagónicos

Sapiens y demens	Racional y delirante
Faber y ludens	Trabajador y lúdico
Empiricus e imaginarius	Empírico e imaginador
Economicus y consumans	Económico y dilapilador
Prosaicus y poeticus	Prosaico y poético

El hombre de la racionalidad es también el de la afectividad, del mito y del delirio (*demens*). El hombre del trabajo es también el hombre del juego (*ludens*). El hombre empírico es también el hombre imaginario (*imaginarius*). El hombre de la economía es también el del consumo (*consumans*). El hombre prosaico es también el de la poesía, es decir del fervor, de la participación, del amor, del éxtasis. Según Morín, el ser humano es un ser complejo:

- Racional e irracional, capaz de mesura y desmesura.
- Sujeto de un afecto intenso e inestable.
- Que sonríe, ríe, llora, pero sabe también conocer objetivamente.
- Serio y calculador, pero también ansioso, angustiado, gozador, ebrio, estático.
- Violento y tierno, de amor y de odio.
- Invadido por lo imaginario y que puede reconocer lo real.
- Que sabe de la muerte pero no puede creer en ella.
- Que segrega el mito y la magia, pero también la ciencia y la filosofía.
- Que está poseído por los dioses y por las ideas, pero que duda de los dioses y critica las ideas.
- Que se alimenta de conocimientos comprobados, pero también de ilusiones y de quimeras.

También la educación debería mostrar e ilustrar el destino con las múltiples facetas del humano: el destino de la especie humana, el destino individual, el destino social, el destino histórico, todos los destinos entrelazados e inseparables. Así, una de las vocaciones esenciales de la educación del futuro será el examen y el estudio de la complejidad humana.

El rostro del México actual muestra bajo sus formas occidentales, vestigios de las más antiguas creencias y costumbres de civilizaciones complejas y refinadas. Todos los pueblos que han habitado el actual territorio de México han venido de otras partes. Hace 65 000 a 30 000 años cruzaron el estrecho de Behring talladores, cazadores, cavernícolas, quienes llegaron hasta las regiones áridas de la parte norte de lo que hoy constituye el territorio de los Estados Unidos Mexicanos. En el periodo anterior a la llegada de los españoles, vivieron ahí los pueblos árido americanos y oasis americanos, quienes no lograron un desarrollo social complejo como el que caracterizó a las formaciones sociales mesoamericanas.

En el presente los inmigrantes mexicanos son trabajadores temporales que viajan principalmente a Estados Unidos de América, llevando y trayendo consigo mensajes y material simbólico, influencias, oposiciones y cooperación derivados de los conflictos entre las culturas hispanoamericana y angloamericana que impactan a la tercera hispanidad: desafío al crimen, las drogas, el medio ambiente y el desamparo urbano, la influencia del cine, la música, los libros, las ideas, el periodismo, la política y su lenguaje: en suma, la coexistencia cultural.

Tanto en los nuevos inmigrantes como en los que se han establecido largo tiempo, persiste la cultura hispánica de los valores de la religión, el sentido de que el mundo es sagrado, el respeto hacia la experiencia y la continuidad, el cuidado y reverencia debidos hacia los viejos, la familia concebida como hogar y el mantenimiento de la lengua, todos los cuales reifican al mundo indígena y la filosofía estoica de la Iberia romana. La identidad de los mexicanos es multicultural: indígena, europea, mestiza, con influencia griega, ibera, romana, judía, árabe, cristiana y gitana. Nos distingue la herencia cultural que hemos sido capaces de crear en el devenir de nuestra historia (Fuentes, 2001).

Una megalópolis como la Ciudad de México y su zona metropolitana con más de 20 millones de habitantes, que existe desde hace siete siglos, pasó de ser la Tenochtitlan indígena a ser un entorno moderno, industrial y postindustrial, invadido por empresas transnacionales y nacionales, armando un tejido híbrido y complejo que se comparte cada día en distintas temporalidades, en la diversidad de percepciones y comprensiones de las diferentes comunidades epistémicas entremezcladas en sus sectores sociales. Ahí vive medio millón de indígenas, formando parte del modo de pensar el espacio, de habitarla y de vivirla (García Canclini, 2002).

A la llegada de los españoles, en el siglo XV, se hablaban en Mesoamérica 170 idiomas indígenas. A finales del siglo XX sólo se hablaban 100 idiomas. Se estima que actualmente en el mundo hay alrededor de ocho mil idiomas que se utilizan cotidianamente, es decir, son lenguas vivas. En México se hablan 62 idiomas, en la India 65 y en China 54. Vivimos en una sociedad compleja, diferenciada y heterárquica, pluricultural, con multiplicidad de sentidos en las representaciones sobre lo social, globalización económica, desequilibrios económicos, etc., donde un problema nuclear es la equidad educativa, dado que tratar a los desiguales como si fueran iguales contribuye a perpetuar y empeorar la desigualdad.

Como el multiculturalismo, la interculturalidad debe ubicarse dentro del pluralismo cultural. La interculturalidad es una forma de pensar que trata de superar las limitaciones del multiculturalismo, añadiendo a los principios de igualdad de derechos y respeto a la diferencia, la intensa interacción que de hecho hay entre las culturas. Es, por tanto, una relación de armonía entre las culturas, una revelación de intercambio positivo y convivencia social entre actores culturalmente diferenciados (Martínez, 2004, 4). Esta forma de pensar corresponde, por supuesto, a un tiempo diferente y por construir, es algo que básicamente está planteado en términos de futuro, de futuro inminente, de decisión y de voluntad: es una utopía posible.

Abordar la interculturalidad en la educación remite a pensar en los ignorados, invadidos, a-pagados, a-negadas, no atendidos, mutiladas, des-echados, desposeídas, desheredados, descalzados, desoídos, desnutridos, ahogados, des-estimados, mal-tratados, expulsados, oprimidos, prohibidos, postergadas, silenciadas, extinguidos… (Ruiz Román, 2003).

No se puede afirmar que cuando se enseña a los alumnos los conceptos, valores, tradiciones, costumbres de diversas culturas estemos poniendo en marcha una educación intercultural, ni tampoco se puede afirmar que la instrucción o la formación multicultural sea el mejor instrumento para la construcción de una sociedad intercultural. Para construir una sociedad intercultural y, dentro de ella, construir una educación intercultural, no basta presentar a la sociedad como multiétnica, inventariada y estetizada en un formato folklórico, al mismo tiempo que envasada y fijada en un currículo escolar. En necesario que en la escuela se aprenda sobre los grupos culturales, enseñar acerca de la diversidad cultural y no solamente sobre la educación de los otros. La educación intercultural no ha de consistir esencialmente en transmitir el mayor número de conocimientos multiculturales posibles, una formación multicultural, sino que ha de consistir fundamentalmente en revisar la actitud con la que los alumnos y profesores trabajamos los conocimientos, dado que "una persona bien educada no sólo tiene conocimiento (…) sobre todo tiene el hábito del pensamiento" (Olive, 1999, 27). En este sentido se deben trabajar los significados individuales y culturales, en una dimensión ética del conocimiento y de la cultura.

No se trata de convertir a las escuelas en espacios multiculturales, donde se busque tolerar y pacificar fragmentariamente los problemas derivados de la heterogeneidad y de la convivencia con culturas, comunidades y grupos de personas minoritarios, pero donde la interculturalidad no es vista como una posibilidad. No basta con aprender a convivir en las escuelas, es preciso que en las escuelas y en la sociedad se aprenda a convivir con justicia. Reconocer el carácter multicultural del país y asumir que la interculturalidad supone una relación, cualificada como relación que se da desde planos y en condiciones de igualdad entre las culturas que interactúan, negando la existencia de asimetrías debidas a relaciones de poder.

2.3 Principios de educación intercultural

La acción escolar debe llevarse a cabo dentro de una acción política y social de conjunto. La educación intercultural no es menester de la escuela, sino de la sociedad. La escolarización es un instrumento de integración para la ciudadanía de los inmigrantes, basada en el respeto a los derechos humanos y la dignidad de las personas y sus culturas de origen. La escuela debe abrirse a todas las diversidades y no sólo a las de origen étnico, lingüístico y cultural, sin renunciar a sus propias bases culturales y al estilo propio heredado de su historia cultural y educativa. Se deben introducir en la vida escolar programas interculturales dirigidos a todos los alumnos, como vía de encuentro, de comprensión interpersonal y de respeto. Se debe cuidar de modo especial el reconocimiento de la capacidad de los docentes para influir en sus alumnos y en sus familias (García Garrido, 2004, 25-26).

La interculturalidad es un principio orientador de las prácticas educativas en marcos plurales y se concibe como un proyecto de integración superadora de los elementos y valores más representativos de las culturas concurrentes en la escuela.

Entre los factores que la propician destacan escuelas de base y concepción intercultural; el discurso abierto a las diferentes comunidades, esfuerzos de encuentro y solidaridad; la vivenciación de culturas en colaboración; los espacios de búsqueda en común y el sentido de apertura y responsabilidad compartida; el liderazgo participativo; la toma de decisiones en común reconociendo el valor de cada comunidad; la coevaluación institucional y formativa; la profundización en la indagación, correflexión e investigación intercultural; la innovación en valores y procesos pluri e interculturales; y la experiencia innovadora con simulaciones de nuevos espacios, proyectos y actuaciones interculturales (Medina, 2004, 31).

Gráfica 2.3 Principios de educación intercultural

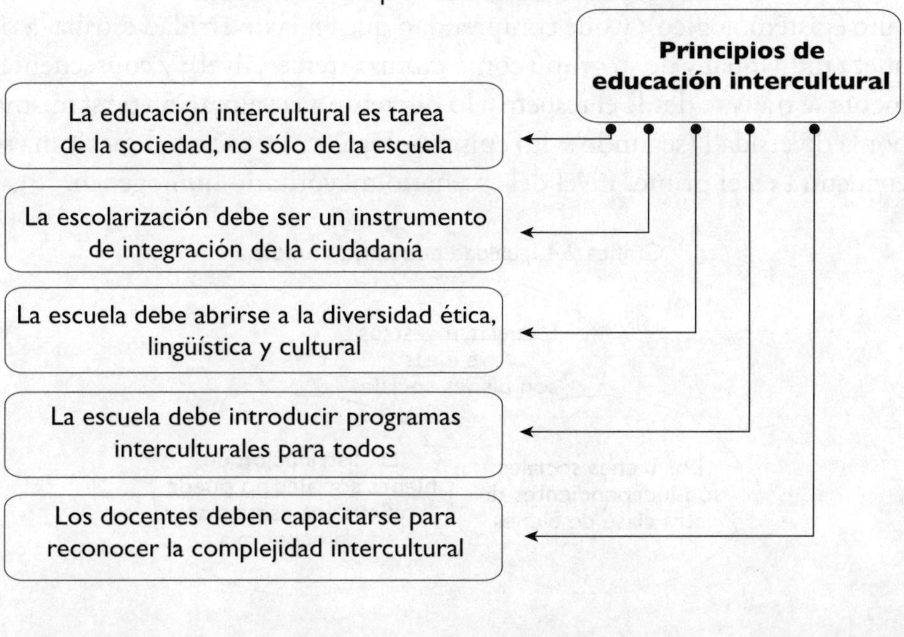

En la sociedad mexicana del presente coexisten la *acomodación cultural* (grupos con diferentes culturas, valores y ethos que mantienen sus identidades separadas, pero viviendo en una interacción pacífica); la *aculturación* (modificación de la cultura individual o grupal al entrar en contacto con otra cultura e interinfluirse); la *asimilación cultural* (adquisición de comportamientos, valores, perspectivas, ethos y características de otro grupo cultural o étnico, desprendiéndose de sus propias características culturales). No existe un proyecto nacional de educación intercultural, entendida como definición de un enfoque y de procedimientos para articular un proceso dinámico de naturaleza social, en el que los participantes sean positivamente impulsados a ser conscientes de su interdependencia, con una clara definición filosófica, política y forma de pensar (Leurín, citado por Jiménez, 1991, 89-104).

De acuerdo con estas ideas se pueden concebir dos escenarios de la educación para la interculturalidad: minoritario homogéneo, que se sustenta actualmente para la educación de etnias indígenas; y mayoritario homogéneo, que implica el logro de tres niveles de desarrollo cognitivo, mediante dos saltos epistemológicos: que los grupos culturales mayoritarios conozcan los aportes de los grupos culturales minoritarios (primer nivel); que reconozcan el valor de esos aportes, los respeten y conozcan los aportes de la cultura propia (segundo nivel), identificando como propia del ser humano la construcción de la cultura que lo identifica (primer salto epistemológico); y que comprendan que en la diversidad estriba la riqueza individual y de su grupo como cultura (tercer nivel); y consecuentemente se transite desde el respeto a lo diferente a la valoración de sí mismo por la diversidad (segundo salto epistemológico). La sociedad mexicana se encuentra en el primer nivel del escenario mayoritario homogéneo.

Gráfica 2.4 Igualdad educativa compleja

A finales del siglo XX el sistema educativo en México alcanzó niveles óptimos de cobertura de atención en educación primaria, superior a 95%, pero en una estructura esencialmente inequitativa, pues ni las oportunidades de escolaridad son homogéneas, ni son igualitarias las posibilidades de acceso, permanencia y egreso. La equidad educativa debería reconocer los desiguales puntos de partida de quienes hacen uso del servicio educativo, concibiéndola como compleja y pluralista, capaz de concretar respuestas múltiples y diversas altamente flexibles.

Esta igualdad compleja debe basarse en la "pluralidad de los significados sociales" (Walzer, 1993), pensándose no como identidad de posesiones, sino como una relación entre personas, regulada por los bienes que ellas hacen, comparten e intercambian conforme a una diversidad de criterios distributivos que reflejan la diversidad de los bienes sociales.

Esto implica el reconocimiento de que el vacío entre "los que tienen" y "los que no tienen" sólo puede acortarse desarrollando mecanismos que distribuyan los diferentes bienes a diferentes personas, de maneras diferentes y por razones diferentes. En el campo de lo educativo la igualdad compleja asume que "Las escuelas, los maestros y las ideas constituyen un conjunto de bienes sociales, concebidos de manera autónoma respecto de otros bienes y que a su vez requieren de un conjunto independiente de procesos distributivos (…) los esquemas distributivos simplemente no pueden reflejar los esquemas de la economía y del orden político, pues los bienes en cuestión son distintos" (Kane, 1998, 209).

En una sociedad puede coexistir una pluralidad de significaciones respecto al valor de la escolaridad como bien social. Puede exigirse una escolaridad común, pero no una trayectoria educativa uniforme. Esto último implica el respeto a las particularidades sociales, culturales, de raza o de género. La complejidad social consiste, más que en redes de relaciones de determinación lineal, diferenciada y sobredeterminación entre elementos, en un ordenamiento heterárquico a partir de múltiples centros funcionales con cruzamientos y contactos emergentes sin orientación a un centro primordial (Luhman, 1996, 469). Ello implica pasar de una concepción de la educación como red abierta de determinaciones generadas en el entorno –política, economía, etc.– a una centrada en su condición de sistema con operaciones propias (sistema autopoiético), para abordar la dinámica de lo educativo sin tratarlo como mero reflejo de otros sistemas, ni confundir el ritmo de su temporalidad con las urgencias del entorno, potenciando que la transformación de lo educativo se potencie por el propio sistema.

"Durante varias décadas, los principios directrices de la educación se asociaron a las ideas de 'desarrollo'; en la actualidad se encuentran coligados a las premisas de la 'transformación productiva con equidad'" (Granja, 1995), lo cual eleva a la equidad como principio rector de la educación en las sociedades plurales, complejas y diversas.

Las posibilidades de una educación intercultural en nuestro país, deben satisfacer la exigencia del combate al menos a dos asimetrías: escolar, modelo escolar urbano para todo el país; menores recursos humanos y materiales para las zonas pobres; currículo y materiales que ignoran la diversidad cultural; formación, actitudes y expectativas del profesorado en una sola óptica; discriminación de las experiencias y saberes previos de educandos que provienen de culturas distintas a la mayoritaria; discriminación y racismo hacia grupos minoritarios; analfabetismo, promedio de escolaridad baja, reprobación, deserción y aprendizajes no significativos; y asimetría valorativa: devaloración cultural, autoestima baja, sentimiento de inferioridad.

El combate a las asimetrías implica que la educación se conciba como la formación de educandos para que sean capaces de leer e interpretar la realidad mediante el conocimiento, la comprensión y el respeto de las diversas culturas de la sociedad actual; el aumento de la capacidad de comunicación y de interacción con personas de las diversas culturas; y la creación de actitudes favorables a la diversidad de culturas.

La educación intercultural implica concebir a la diversidad como una riqueza y, por tanto, debe reconocerla, respetarla, valorarla, atenderla y aprovecharla como recurso pedagógico. Para lograrlo es necesario el desarrollo de valores, actitudes y normas en los educandos a partir de las siguientes capacidades: construcción del propio yo, decidir un proyecto de vida personal, comprender la manera propia de ser, pensar y sentir, es decir, construir una identidad (autoconcepto personal y conciencia subjetiva de pertenencia cultural); la autoestima, que implica el desarrollo de la autonomía, la creatividad y originalidad a través de la vinculación con los grupos de pertenencia, la valoración de sus singularidades, el desarrollo de la capacidad crítica para reconocer límites y posibilidades; el juicio moral mediante el desarrollo de la sensibilidad, el razonamiento crítico, las actitudes de apertura y de respeto a la diversidad de valores morales, sociales y personales.

Gráfica 2.5 Cuestiones éticas

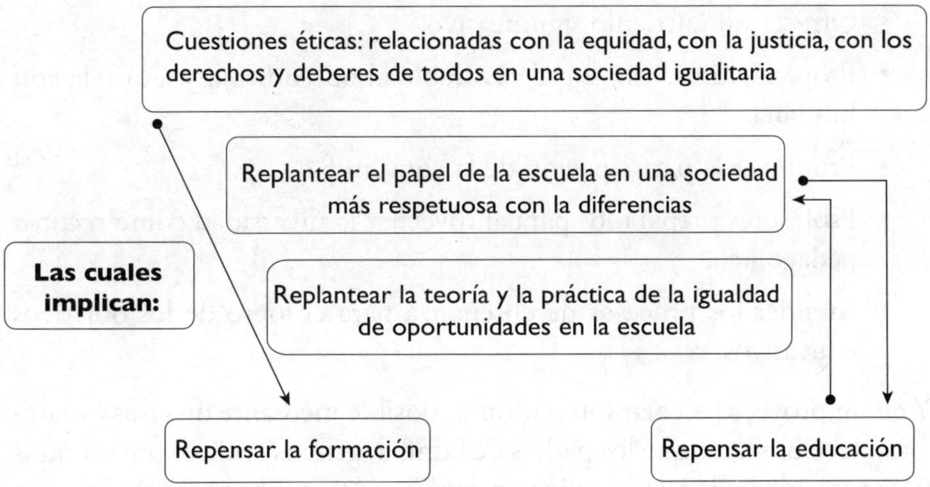

De igual modo, la empatía, es decir, colocarse en el lugar del otro para comprender sus sentimientos, pensamientos y comportamientos mediante la interiorización de valores cooperativos y solidarios; la comunicación dialógica o capacidad para intercambiar opiniones y razonamientos y construir acuerdos por medio del diálogo y con base en el respeto de la dignidad personal; la comprensión crítica o aprender a pensar de forma crítica y creativa para comprender y contextualizar situaciones, empleando habilidades cognitivas: observar, interpretar, diferenciar, comparar, resaltar, distinguir, analizar y procesar información y el mundo de vida.

La autonomía y la conciencia permiten establecer criterios valiosos, realizar los planes previstos y evaluarlos para su refuerzo, de tal manera que propicien la congruencia entre el juicio y la acción y la autorregulación.

La propuesta de una institución escolar capaz de asumir una educación intercultural es el logro de la equidad en términos de igualdades de accesibilidad a todos los educandos, igualdad de servicios de calidad: recursos, organización, metodología, oferta educativa, buenos maestros y planes de estudios e igualdad de resultados, similares en educandos de distintas clases sociales, culturas y sexos. Lo anterior implica que cada escuela considere seis elementos básicos:

- Un director preocupado por mejorar la calidad de los servicios educativos, con la participación de los profesores, los padres de familia y la comunidad en la construcción de un proyecto escolar intercultural.
- Ofrecer un currículo significativo.
- Propiciar un clima social favorable al aprendizaje y a la relación humana.
- Promover la participación de la comunidad.
- Profesores preparados para aprovechar la diversidad como recurso pedagógico.
- Atender los procesos de enseñanza para el logro de los objetivos educativos.

Y en un proyecto escolar intercultural, posible mediante diversas estrategias, debe buscarse que los padres de familia, grupos sociales organizados y las autoridades locales, participen expresando sus ideas sobre la función de la escuela, sus problemas y sus posibilidades. A partir de lo anterior debe construirse el proyecto escolar y debe devolverse a la comunidad para compartirlo, asumirlo y definir las acciones y los espacios y formas de participación. El Consejo Técnico Escolar debe hacer el seguimiento durante su desarrollo y debe evaluarlo al finalizar el año para revisarlo, rendir cuentas a la comunidad y reelaborarlo (Schmelkes, 1992).

Los elementos básicos para la elaboración del proyecto escolar intercultural son:

Visión de futuro. A partir de una lectura de la realidad escolar se plantea un escenario del futuro deseable y posible de la escuela, el cual constituye el eje que orientará al proyecto.

Diagnóstico. Relevancia del contexto macro mundial, nacional y local; relevancia de las condiciones de la escuela, sus dificultades, problemas y recursos disponibles; evaluación de la eficiencia y equidad del proceso educativo; y eficacia-efectividad en el logro de metas.

Objetivos del proyecto. Especificación de metas, a partir del análisis de fuerzas que permita lograr los cambios deseables.

Objetivos traducibles en transformaciones visibles o mensurables. Selección de soluciones, estableciendo las diferencias entre las concreciones de cada problema y la importancia y posibilidad de superarlo.

Compromisos. Especificar indicadores sobre resultados de distintas dimensiones del aprendizaje (progreso durante los cursos, rendimiento escolar, resultados formativos, resultados en escenarios minoritario, homogéneo y multicultural y satisfacción de los padres de familia), del trabajo de los profesores (objetivos, contenidos, planeación de curso y clase y recursos), de la docencia (organización y métodos de enseñanza, clima y ambiente escolar), dirección y gestión (liderazgo, promoción de actitudes hacia la diversidad) y de los cambios institucionales.

Estrategias. Selección de estrategias relacionadas con la formación de profesores, con la mejora del clima social del aula y la escuela, con mejora de la lecto-escritura y con la formación en valores.

Recursos necesarios. Conocer y usar óptimamente los recursos disponibles, particularmente los humanos. Prever y justificar los recursos financieros y materiales necesarios para el logro de cada propósito, así como los espacios de gestión para los que no se tienen.

Seguimiento y evaluación. Definición de indicadores o descriptores cualitativos y cuantitativos que den cuenta del avance en el logro de las metas: revisión de compromisos y de cambios observados en la escuela y en la comunidad.

Gráfica 2.6 Desafíos de la interculturalidad de México

- Asumir un mínimo de principios y políticas
- Transformar la planificación curricular de la educación básica
- Sustentar un paradigma basado en la escuela como totalidad
- Producir materiales y textos apropiados a la diversidad
- Formar al profesorado para la comprensión intercultural

Es obvio que para un país multicultural como México, la oferta educativa limitada para los grupos indígenas y como proyecto para la educación primaria, revela el rezago abismal que existe entre la realidad educativa y la educación intercultural. Los desafíos que en el presente y futuro inmediato deben enfrentarse exigen asumir un mínimo de principios para el enfoque educativo intercultural:

- Promover el respeto por todas las culturas coexistentes y condenar las políticas destinadas a asimilar a los emigrantes y minorías culturales a la cultura mayoritaria.
- Ofertar una educación intercultural relevante para todos los educandos (Leurín, 1987).
- Abordar los problemas planteados por la diversidad étnica y cultural de la sociedad con soluciones diversificadas.
- Basar la educación en el desarrollo de una percepción de la mutua aceptación de las culturas en contacto.
- Desarrollar un esquema conceptual transcultural cuya expresión en la práctica educativa demuestre que el conocimiento es la propiedad común de todas las personas.
- Sustentar un paradigma holístico que conciba a la escuela como un todo interrelacionado, que implica reconocerla como una totalidad y un espacio donde la aculturación tenga lugar (Lynch, 1986).

Se debe transformar la planificación curricular, al menos de la educación básica y la destinada a la formación de los profesores, de tal modo que promueva la idea de que la diversidad cultural y la étnica es un elemento más para todos los individuos; familiarice a cada grupo con las características de los otros; proporcione aspectos culturales diferenciales a los alumnos, ayudándoles a interesarse por dimensiones pertenecientes a otras culturas (música, literatura, estilos de vida); inicie en actitudes y destrezas intelectuales, sociales y emocionales que permitan situarse adecuadamente en una sociedad integrada; y transforme las relaciones políticas, económicas e internacionales que afectan al sistema educativo.

La producción de materiales y textos caracterizados debe: a) presentar a los miembros de minorías culturales como capaces de tomar decisiones referidas a su propia vida; b) mostrar los valores que expresan las costumbres, estilos de vida y tradiciones de las minorías culturales; c) representar de manera definida la influencia de las personas consideradas como héroes por los grupos culturales minoritarios; d) señalar las relaciones familiares en forma colaborativa y de promoción humana; e) mostrar como valiosos los esfuerzos de las minorías para lograr su propia liberación; f) presentar materiales didácticos que promuevan positi vamente la autoimagen de los educandos, eliminando los sentimientos de superioridad/inferioridad; g) contener ilustraciones que eliminen los estereotipos; h) indicar adecuadamente el papel de la mujer en el desarrollo de las sociedades y su impacto en la evolución histórica; presentar con respeto y en su propio ritmo el lenguaje de los grupos culturales.

Se debe dictar un mínimo de cinco políticas de educación intercultural:

- Alfabetización en la diferencia, capaz de proporcionar a los educandos la oportunidad de comprender la importancia de la cultura democrática y de vivenciar en el aula la importancia de la diversidad, igualdad y justicia social.
- Adaptación de los sistemas de enseñanza a las lenguas y culturas que coexisten en el país en todos los niveles del sistema educativo.
- Reforma de los programas y métodos educativos para propiciar el desarrollo educativo en la diversidad lingüística y cultural.
- Formación del profesorado en educación para la comprensión internacional, la diversidad, el plurilingüismo y el interculturalismo en el contexto de los grupos mestizos, indígenas y migrantes.
- Formación para que los educandos se apropien de una subjetividad, que les permita construir su identidad, en el sentido de que aprendan a pensar.

El desarrollo de programas y experiencias debe tomar en cuenta el conocimiento de programas de inmersión lingüística, el intercambio de experiencias con centros experimentados, y conferencias de expertos.

Figura 2.7 Formación del profesorado y atención a la diversidad

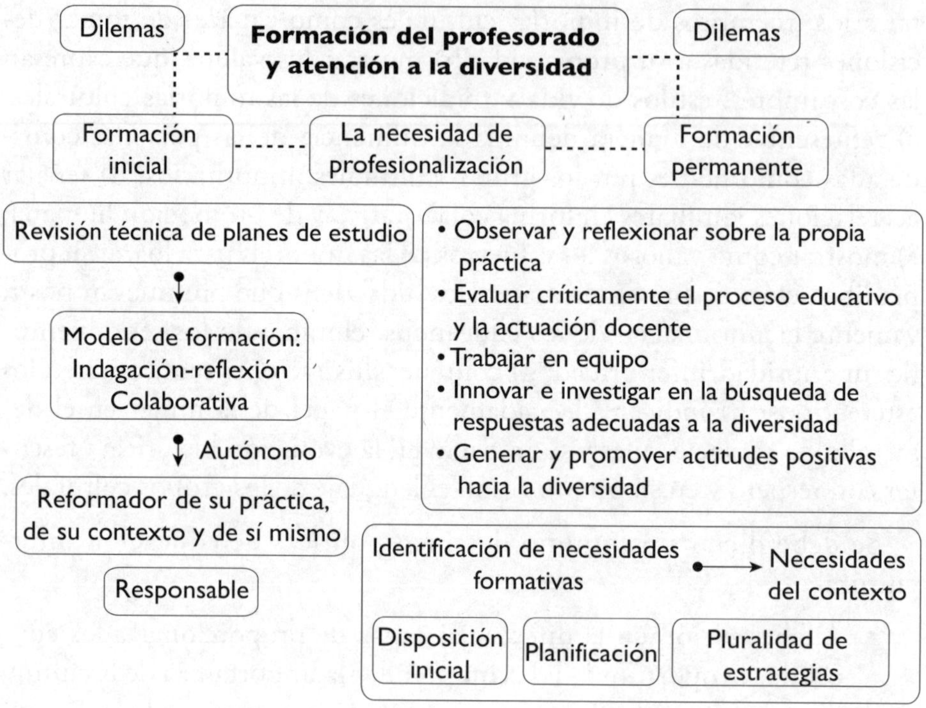

La formación docente en el centro debe caracterizarse por un aprendizaje colaborativo; el análisis de prejuicios y reflexión de y en la cultura; el desarrollo de cada persona en su singularidad; la correflexión entre los docentes y aprendizaje entre colegas; partir de las necesidades interculturales y desde ellas proponer las actividades formativas; y realizar seminarios, cursos y apoyos puntuales.

Finalmente, deben considerarse los factores con incidencia en la formación intercultural: establecer vínculos con las comunidades marginadas a fin de incorporar el conocimiento subordinado; revalorar los recursos comunitarios: tradiciones, historia y culturas comunitarias desacreditadas por la escolaridad dominante; incorporar a la curricula las crónicas, las formas de ver el mundo, la música, la política, el humor y el arte de las comunidades marginadas; redactar nuevamente la historia de las comunidades y etnias; cultivar un clima de empatía intercultural; acercamiento a otras culturas; experiencias concretas de interculturalidad; y democracia real. Estos son desafíos para los que debe prepararse el profesorado.

Capítulo 3.

Formación docente en la sociedad compleja

3.1 Paradigma

En el pensamiento científico las nociones de paradigma y revolución científica se introdujeron para explicar la evolución de la historia del conocimiento, definido como el modo de concebir, formular y organizar la teoría científica en términos de presupuestos o postulados: "Conjunto de creencias, valores reconocidos y técnicas que son comunes a los miembros de un grupo dado" (Kuhn, 1983). Así, hay paradigmas científicos, filosóficos, económicos, sociales, éticos, religiosos, etc., es decir, hay algo que identifica de manera imprecisa a las cosas o a las personas y eso es el paradigma.

El conocimiento científico, esto es, de la ciencia física y natural, se da de manera discontinua y por situaciones no previstas por los mismos investigadores. La *ciencia* no es sólo un cuerpo de formulaciones teóricas, sino fundamentalmente el producto social e histórico de una comunidad humana específica (la comunidad científica) que está determinada por tradiciones, instituciones, motivos e intereses, no sólo teóricos, sino extrateóricos de diverso orden. Esto significa que el conocimiento científico no enuncia predicados acerca del mundo, sino predicados acerca del mundo a la luz de una determinada tradición. El desarrollo histórico de las ciencias naturales y físicas no es lineal, continuo y acumulativo, sino discontinuo y problemático, con periodos de estabilidad y periodos de ruptura. El conocimiento en las ciencias naturales y físicas ocurre por *revoluciones* y no por acumulación lineal.

En los campos de la física y de la astronomía, estas revoluciones científicaas se ilustran con las investigaciones de Copérnico, que llevaron a cambiar la idea del universo (del geocentrismo al heliocentrismo), con las investigaciones de la física newtoniana (que desplazaron a la física aristotélica) y con la teoría de la relatividad de Einstein (que a su vez reemplazó a la newtoniana).

Los humanos se relacionan con el mundo desde un modo dado de ver a éste, a partir del cual los objetos son objetos con sentido. Al mismo tiempo, no se puede tener una visión del mundo de manera absolutamente contemplativa y sin relación práctico-material con los objetos. Pero no sólo con los objetos, fundamentalmente con los sujetos, pues nacemos en una comunidad y nos vinculamos con los objetos del mundo en el marco de unas relaciones intersubjetivas y comunitarias.

Para Lákatos (1983), se trata del núcleo duro de la teoría. Para Holton (1989) es igual a *Themata*. Foucault (1968) lo equipara a la *episteme,* "lo que define las condiciones de posibilidades de un saber", por lo que en una cultura, en un momento dado, solamente hay una *episteme*. Según Murayama (1985), un gran paradigma, *episteme* o *mindscape* controla las teorías y los razonamientos, y controla la epistemología que controla la teoría y que controla la práctica que se desprende de la teoría.

La escuela de Frankfurt, desde los pensadores Wellmer (1976), Habermas (1989) y Apel (1985), entre otros, reconstruyen la posibilidad de una razón comunicativa, más allá de una razón centrada en el sujeto, con lo que aportan un nuevo estatuto epistemológico a la racionalidad humana. Desde esta perspectiva, ser sujeto racional no se da por supuesto, sino que se legitima y valida a partir de la puesta en juego de las pretensiones universales de un uso del lenguaje, el cual se orienta hacia acciones estratégicas e instrumentales o hacia acciones comunicativas que buscan el entendimiento mutuo.

La producción de conocimientos no es exclusiva de un equipo de investigadores separados de la sociedad (comunidad científica); en la producción de los mismos también participan las comunidades no-científicas.

El *paradigma* es un concepto surgido de la reflexión acerca de las estructuras del conocimiento producidas en la sociedad, prácticas de conocimiento y de acción motivadas por la solución a los problemas y las necesidades específicas directas e indirectas de una comunidad humana.

Es la estructura relativamente institucionalizada de creencias, categorías, normas y valores fundamentales a partir de los cuales un grupo humano produce y reproduce conocimiento, orienta su acción social específica e induce acciones de mayor alcance social y grupal. Contiene los conceptos fundamentales o categorías rectoras de inteligibilidad, al mismo tiempo que el tipo de relaciones lógicas de atracción/repulsión (conjunción, disyunción, implicación u otras) entre estos conceptos o categorías.

Las características básicas del paradigma son: no es falsable; tiene autoridad axiomática; dispone del principio de exclusión; oculta lo que excluye; es invisible; crea la evidencia ocultándose a sí mismo; cogenera la sensación de realidad; la invisibilidad lo hace invulnerable; hay incomprensión y antinomia de paradigma a paradigma; está recursivamente unido a los discursos y sistemas que él genera; mediante teorías e ideologías, determina una mentalidad, un *mindscape*, una visión del mundo; y es invisible e invulnerable, porque un paradigma no puede ser atacado, contestado o arruinado directamente.

El paradigma depende del conjunto de instancias cerebrales, espirituales, computantes, cogitantes, lógicas, lingüísticas, teóricas, mitológicas, culturales, sociales, históricas que de él dependen, es decir, dependen de las actualizaciones que dependen de él.

3.2 Racionalidad cartesiana

La afirmación básica subyacente en la ciencia y el pensamiento de la racionalidad cartesiana es que el mundo físico existe, y que es posible entender las leyes que gobiernan la realidad objetiva. Creer en una ley natural es creer que el universo es comprensible en última instancia, que las mismas fuerzas que determinan el destino de una galaxia también pueden determinar los fenómenos en la Tierra; que los mismos electrones, neutrones y protones que surgieron del *Big Bang* pueden dar lugar ahora al cerebro humano, la mente y el alma. Creer en la ley natural es creer en la unidad de la materia al nivel más profundo posible.

Cada nuevo descubrimiento de la ciencia y de la técnica amplía y profundiza nuestra comprensión, pero al mismo tiempo plantea nuevos desafíos.

En el siglo III a. C., Eratóstenes, mezclando observación, hipótesis y razonamiento matemático, dedujo que la Tierra era redonda y, utilizando la geometría simple, calculó su circunferencia y, con una conclusión general, formuló la hipótesis de que la Tierra es curvada. Y después utilizó las matemáticas para dar una forma más precisa a su teoría.

A diferencia de teorías anteriores, como las leyes del electromagnetismo de Maxwell, o las leyes de la gravedad de Newton, que se basaban en la experimentación, y que rápidamente fueron confirmadas por cientos de miles de observaciones independientes, las teorías de Einstein en un inicio se confirmaron sobre la base de dos hechos: la deflexión de la luz estelar por parte del campo gravitatorio del sol y una ligera desviación de la órbita de Mercurio. El hecho de que posteriormente se demostrase la corrección de la teoría de la gravedad ha llevado a asumir que ésta es la manera de actuar.

El avance de la ciencia se produjo en el Renacimiento, cuando la ciencia se separó de la religión, y empezó a basarse en la observación y el experimento, partiendo del mundo real material, y volviendo siempre a él. La ciencia se basa, en esencia, en la acumulación de hechos, pero requiere la participación activa del pensamiento, que es el único que puede descubrir el significado interno de los hechos, las leyes que los gobiernan. Con el desarrollo de la ciencia moderna o clásica se introdujo un paradigma del conocimiento que dio origen a algo paradigmáticamente común que gobierna la manera de organizar, pensar y vivir la vida en Occidente.

Es el "gran paradigma de Occidente" o "paradigma de simplificación", que hoy se encuentra en crisis, pero al mismo tiempo con los mecanismos inmunológicos suficientes para no dejarse transformar.

El principio de simplificación postula que la complejidad de los fenómenos y la diversidad de los seres y de las cosas son sólo aparentes, meramente fenoménicas, por lo que pueden explicarse a partir de algunos elementos básicos y simples.

La ciencia clásica tiene como pretensión disipar la complejidad aparente, para revelar tras ella la simplicidad de lo real, tenida ésta como lo verdaderamente real. En virtud del *principio reductor*, la ciencia clásica posee una concepción atomizada del mundo en el que las formas y unidades globales se eliminan y las unidades elementales se ontologizan. Concibe a los sistemas y a las organizaciones biológicas y no biológicas como meros resultantes de la suma de las partes, por lo que explicarlos consiste en reducirlos a las unidades elementales que los componen. Por ello, el paradigma disyuntivo y reductivo es incapaz de asumir los desafíos planetarios y es incapaz de entender los contenidos humanos y la exigencia de su desarrollo ético. En síntesis, tanto la simplificación como la reducción y la disyunción unidimensionalizan lo multidimensional, desarticulan el fenómeno de su entorno que le da sustento y sentido.

Gráfica 3.1 Paradigma: Estructura de interpretación de la realidad y horizonte de comprensión

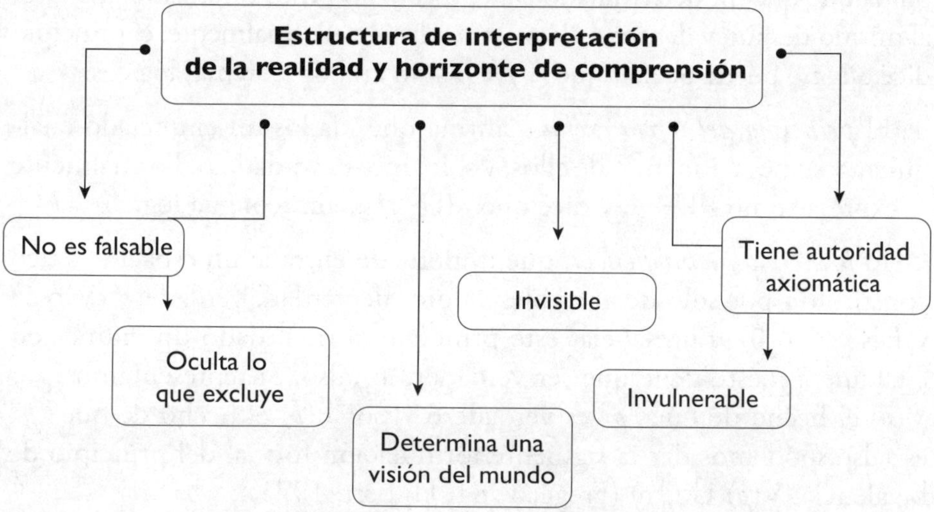

El paradigma de simplificación de la ciencia moderna dota de validez y fiabilidad absolutas a los principios de la lógica clásica aristotélica para establecer la veracidad intrínseca de las teorías, actuando de igual manera en la práctica socio-política. Desde el siglo XVII, el pensamiento cartesiano (*cogito ergo sum - pienso luego existo*), instituyó el gran paradigma de Occidente, el cual asume una visión de realidad que concibe la inmutabilidad y pasividad de la naturaleza, a los átomos como partículas últimas indivisibles e inmutables de las que está hecho todo, a la evidencia mecánica como criterio para conocer el mundo y, a éste, como "dado", acabado, tal como se le ve por los sentidos. Se funda en una creencia ciega en la universalidad, la infalibilidad y la certeza científica de la lógica clásica.

Este pensamiento se funda en cuatro grandes principios lógicos, que constituyen su núcleo:

El *principio de identidad*, expresado bajo la forma **a** es **a**, o, aun, **a** ® **a**. Su contenido filosófico afirma la indiscutible necesidad de que un término dado mantenga consigo mismo relaciones de igualdad y de mismidad.

El *principio de no-contradicción*, garante de la coherencia y la consistencia de los enunciados de la razón clásica. Este principio afirma la imposibilidad de que un enunciado y su negación sean, ambos, verdaderos. En su dimensión ontológica, el principio de no-contradicción afirma la imposibilidad de que un determinado *ente* posea y no posea un mismo atributo, al mismo tiempo y dentro de la misma relación. Formalmente, el principio dice que no puede ocurrir que *A* y ¬ *A* sean ambos teoremas lógicos.

El *principio del tercio excluso*, afirma que, dados un enunciado cualquiera y su negación, uno de ellos, y sólo uno, es verdadero. Formalmente se expresa como *A*Ú¬ *A*, y dice que: *A*Ú¬ *A* es un teorema lógico.

El *principio de bivalencia*, que impone de entrada un espacio alético constituido por sólo dos posibles valores de verdad: verdadero (V ó 1) y falso (F ó 0). En esencia, este principio afirma: dado un enunciado cualquiera *p* éste tiene que ser verdadero o falso. Si representamos por V(*p*) el hecho de que "*p*" es verdadero y por F(*p*) el hecho de que "*p*" es falso, podemos dar la siguiente formulación formal del principio de bivalencia: V(*p*) Ú F(*p*) (Frege, 1984; Hilbert, 1971).

En consecuencia, los principios de *identidad*, *de no-contradicción* –o de contradicción excluida–, *del tercero excluido* y *de bivalencia* aparecen como los *principios* lógicos supremos del *ser verdad.*

Cuatro proposiciones sirven de marco general para la reflexión:

a. El hombre moderno tenía muchas certezas. Entre ellas, tenía la certeza de que la lógica era el auténtico y único órgano de la razón.
b. El lógico de finales del siglo XIX y comienzos del XX tenía la seguridad de que su sistema de lógica formal capturaba efectivamente lo *universalmente válido*, así como las leyes de transmisión de la verdad.

c. En el ámbito de la episteme de la revolución científica del siglo XX, emergen *otros* sistemas de lógica, distintos del clásico, hoy conocidos con el nombre genérico de *lógicas no clásicas.*

d. Estos nuevos sistemas replantean el problema de la unidad y la universalidad de la razón. Y, en gran medida, reconducen a la pregunta por la verdad y a la pregunta por las condiciones de posibilidad lógica del pensamiento complejo (Gómez, 1982).

La racionalidad del gran paradigma de Occidente se caracteriza por la disyunción y conocimiento del mundo mediante la razón y afirma que los límites de la razón son los límites del hombre (Kant, 1970), postulando la separación absoluta de los dominios objetivo y subjetivo, la extensión y el pensamiento como dos "res", la materia y la conciencia. En esta idea el ciclo básico Sujeto–Objeto–Conocimiento rige el orden del mundo, la dominación de la naturaleza y desarrollo de tecnologías para la intervención humana en el mundo. El componente fundamental del saber disciplinario es el Sujeto del conocimiento, dotado de razón, como entidad epistemológica universal, que conoce tal cual es, y expresa ese conocimiento de manera universal, excluyéndose a sí mismo del proceso.

La disyunción y reducción sustentada por el paradigma cartesiano incluye paradigmas diferentes. El imperio creado por el pensamiento que establece estas disyunciones con el fin de llevar a cabo el proceso del conocimiento se puede leer, de manera parcial, por ejemplo, en las siguientes dualidades: sujeto–objeto, subjetividad–objetividad, espíritu–materia, sentimiento–razón, naturaleza–sociedad, verdad–falsedad.

Al paso que se extiende este paradigma con su sistema de dualidades se va radicalizando la escisión entre "mundo" y hombre.

Se trata de un pensamiento reductor, cuantitativo, disyuntivo que conviene únicamente a los problemas cuantificables, técnicos, a una precisión metodológica que asume una visión instrumental de la naturaleza. Su ideal cognoscitivo concibe un modelo de construcción del saber y una explicación del acto cognitivo, que categoriza al saber científico como verdadero. En el siglo XIX la ciencia elimina a Dios en una lógica determinista (Napoleón: "Señor Laplace ¿Qué hace usted con Dios en su sistema? Laplace: "Señor, yo no necesito esa hipótesis").

3.3 Ciencia y pensamiento complejo

Sin embargo, el desarrollo de la ciencia no se efectúa por acumulación de los conocimientos, sino por la transformación de los principios que organiza el conocimiento (Kuhn, 1975). La ciencia no sólo se incrementa, se transforma (Morín, 1980). Del pensamiento complejo se tienen antecedentes desde hace más de cuatro mil años. Hay algunos pensadores que pueden considerarse como antecesores.

Cuadro 3.1 Pensadores antecesores

El Yijing (o Yi-king)	Siglos XII-XI a. C.	En el libro de las mutaciones se considera que el cosmos tiene implícito un principio bipolar que no es reducible a un principio único y último.
Zhuang Zhou	(369-268 a. C.)	Consideraba que el conocimiento humano está condicionado; por ende, es incierto.
Heráclito	(535-480 a. C.)	Planteaba el antagonismo, la concurrencia y la complementariedad de los contrarios en el proceso del devenir.
Protágoras	(485-411 a. C.)	Proponía una visión múltiple de la verdad.
Hegel	Captó un dinamismo en los contrarios.	
Bertalanffy	Lideró el movimiento que dio origen al pensamiento sistémico, el cual proponía la unificación de las ciencias.	
Foerster	Propuso el principio de orden por ruido, que ayuda a entender la creación de un orden a partir del desorden.	
Prigogine	Introdujo la idea de organización a partir del desorden desde la termodinámica, la bioquímica y la microbiología.	
Bohr	Creador del principio de la complementariedad: cuando una partícula (electrón o fotón) se comporta como una onda, no puede simultáneamente comportarse como un corpúsculo y viceversa, pero ambas descripciones resultan necesarias.	

Gödel	Formuló el principio de incompletitud, según el cual una teoría no puede ser a la vez consistente (que todas sus expresiones son verdaderas) y completa (que todas sus expresiones verdaderas pueden ser probadas).
Heisenberg	Propuso el principio de incertidumbre: no se puede determinar a la vez la posición y el estado de movimiento de una partícula, porque si se determina la posición, se indetermina el estado de movimiento (se tendría un corpúsculo), y si se determina el estado de movimiento, se indetermina la posición (se tendría una onda).
Lupasco	Autor de la lógica del tercero incluido, considerada un sistema lógico no-clásico.
Morín	Profundizó en el estudio de tres grandes teorías que se interpenetran e intercomplementan: de sistemas, cibernética y de la información, formulando la esencia, del pensamiento complejo.
Nicolescu	Postuló que la transdisciplinariedad es el resultado de la revolución cuántica (Böhr, Heisenberg), replanteándo la existencia de un solo nivel de realidad; y el reconocimiento de diversos sistemas lógicos no-clásicos.

(Romero, 1982).

La complejidad se inspira en la teoría del caos, la geometría topológica, la teoría de fractales y las nuevas lógicas; asume la incertidumbre, lo irregular, el evento y la emergencia del orden a partir del desorden; concibe una realidad jerarquizada en donde aparecen sistemas simples ordenados, sistemas complejos y sistemas caóticos o desordenados, en diferentes niveles. Esa complejidad fluctúa entre dos concepciones: la complejidad aparente, donde se entiende lo complejo como lo simple complejizado (debido a que la realidad puede ser numéricamente compleja, pero matemáticamente simple), y la complejidad como incomprensión o como frontera de la ciencia.

Bohr (1988), en sus principios de correspondencia primero, y luego en el de complementariedad, manifiesta los pseudoproblemas que surgen cuando se aplican las usuales imágenes del espacio y el tiempo, y las intuiciones ligadas al lenguaje ordinario, a los procesos microfísicos. Explica que las descripciones habituales fallan completamente cuando se presentan problemas como el de la adopción de la teoría corpuscular o de la teoría ondulatoria o, mayormente, cuando se expresa la incertidumbre en la fórmula "No podemos conocer a la vez la posición y la velocidad (cantidad de movimiento) en un electrón" de Broglie (física y microfísica), pues si hace una enorme cantidad de observaciones, se puede afirmar en lenguaje ordinario que un corpúsculo no está localizado en un punto del espacio, sino que está potencialmente en todo el espacio.

Bohr señala que los conceptos de "posición de una partícula" y "cantidad de movimiento de una partícula" son expresiones que solamente pueden usarse en condiciones experimentales. Entonces, y sólo entonces, pueden aparecer como mutuamente exclusivas.

La complementaridad expresa un nuevo tipo de relación que no tiene análogo en la física clásica y que permite "resolver" las dificultades insuperables de la cuestión causal, situándola en un marco conceptual distinto del ordinario. Los distintos aspectos, aparentemente exclusivos, de un fenómeno, describen aspectos igualmente esenciales de un conocimiento perfectamente definido acerca de los objetos. De acuerdo con lo anterior, la complementariedad puede convertirse en una generalización racional del ideal de causalidad, de modo que el ideal tradicional de causalidad resulta propio de los procesos macroscópicos. Los principios de la complementariedad y de la incertidumbre, considerados en el estudio de los fenómenos sociales, permiten argumentar el carácter complejo, incierto y diverso de la realidad.

La ecología profunda o ecocéntrica, distinta de la ecología superficial, o ecología antropocéntrica, no separa a los humanos –ni a ninguna otra cosa– del entorno natural, considerando el permanente juego de independencia-dependencia de todo con todo. "La ecología profunda reconoce el valor intrínseco de todos los seres vivos y ve a los humanos como una mera hebra de la trama de la vida" (Capra, 1998, 29). La complejidad puede visualizarse como *complejidad basada en la distinción entre elementos y relaciones,* que "define como complejo a un conjunto interrelacionado de elementos cuando ya no es posible que cada elemento se relacione en cualquier momento con todos los demás, debido a limitaciones inmanentes a la capacidad de interconectarlos"; y concebirse como *complejidad basada en la observación,* que sustenta que "la complejidad del sistema es una medida de la falta de información, de la redundancia negativa y de la incertidumbre de las conclusiones que pueden obtenerse a partir de las observaciones hechas".

La complejidad, en esta perspectiva, es a la vez una situación y una operación que se da en las relaciones de constitución entre el sistema y el entorno. No es un rasgo propio de la realidad, de parte de la realidad o del conocimiento de la realidad. Lo único sustantivamente complejo es la realidad misma, que desborda el pensamiento y de la cual no podemos tener ningún conocimiento directo, sino fenoménico. Hay la posibilidad de construir un "método", como camino articulador o de autoconstrucción de conocimiento hacia el "pensamiento complejo". Una autoorganización de conocimiento que vincule lo desvinculado, llamada "pensamiento complejo" no porque realmente sea compleja, sino porque está orientada hacia lo complejo y nunca intenta reducirlo.

El pensamiento complejo debe luchar contra la simplificación, utilizándola necesariamente como contraste. La complejidad es una noción lógica, epistemológica y política, antes que cuantitativa.

La corriente sistémica de Capra (1991), se fundamenta en la sistémica clásica, retomando autores como Bateson (1979). También en la ecología profunda y en algunos otros adelantos de la ciencia contemporánea, como la física cuántica. Concibe lo complejo rompiendo los límites de las ciencias para conectarlas con otros saberes que representan la sabiduría. En opinión de Morín, supera el reduccionismo de las partes, pero cae en el reduccionismo del todo. No hay claridad en los fundamentos, en el sentido de que no diferencia claramente el tipo de sistémica y el tipo de teoría de la autoorganización que utiliza (Romero, 1982).

Luhmann (1998) propone la sustitución de la teoría estructural-funcionalista de Parsons (1996) por una teoría funcional-estructuralista, reformulando el papel de la estructura dentro del sistema, así como el hecho de dejar de subordinar el concepto de función al de estructura, distinguiendo entre sistema y entorno, reconstruyendo y explicando lo que permitía explicar la distinción entre el todo y las partes. En su noción de complejidad, utiliza la ley de la variedad necesaria propuesta por Ashby (1960), según la cual, la relación entre el sistema y el entorno se caracteriza por la diferencia de grados de complejidad, para relacionar sistema y mundo.

El sistema es siempre menos complejo que su entorno, y la diferenciación respecto a éste se mide en términos de complejidad. Un sistema es una entidad real que se mantiene idéntica en su relación con el entorno. El mundo es una categoría última sin límites, suma de todas las posibilidades posibles. La complejidad es la totalidad de todos los acontecimientos posibles. El mundo es una categoría sin límites. Es la suma de todas las posibilidades y no es, por tanto, un sistema. El entorno no tiene límites sino un horizonte abierto, por lo que no es un sistema.

La incorporación del pensamiento sistémico-cibernético en la investigación social se basa en la búsqueda de una comprensión holista de la sociedad, donde la sociología debe poder observarse en su papel de observadora y describirse en su papel descriptivo. Debe tener la capacidad de observar su propio punto ciego: "*observar que no puede ver lo que no puede ver*", como símil de la metáfora "*Si no veo que estoy ciego, estoy ciego, pero si veo que estoy ciego, veo*" (Foerster, 1994), lo que implica que la sociedad no puede ser observada desde fuera por una conciencia individual.

La observación de observaciones, sin dejar por fuera algo distinguible, incluye todo lo que es observable e, incluso, al observador mismo (observación de segundo orden), la posibilidad de construir el mundo de manera intersubjetiva, cancelando la distinción entre el sujeto y el objeto, que permitía al sujeto enjuiciar al objeto sin autoimplicarse, enfrentando la problemática de la constitución íntersubjetiva de sentidos en el mundo.

El análisis funcional es una técnica analítica cuyo objetivo es formular unos principios básicos desde los cuales es posible ordenar los fenómenos sociales, en contraste con la teoría de sistemas, que no es un sistema hipotético-deductivo, sino una teoría sustantiva para la identificación de problemas y la formulación de preguntas, a las que se les puede aplicar el análisis funcional. Esta teoría acoge el modelo cibernético que sustituye la relación todo/partes por el de sistema/entorno (o ambiente), que constituye un primer cambio paradigmático en la teoría de sistemas.

Para Luhmann, la experiencia de la complejidad exige un proceso de selección para reducir la complejidad. La selección remite, a su vez, al concepto de contingencia. La contingencia significa que algo puede ser también de otra manera y designa las posibilidades de selección. Pero este proceso no es casual; por ello se necesita el concepto de sentido. El sentido es una estrategia de comportamientos selectivos bajo condiciones de elevada complejidad. La vivencia humana siempre es selectiva, transita entre la complejidad y la contingencia. Los sistemas sociales –a diferencia de las máquinas– son sistemas identificables por el sentido. Frente a la infinita complejidad del mundo, los sistemas sociales son "islotes" de complejidad reducida.

Luhmann articula una teoría sistémica para la sociología. Asume los sistemas autopoiéticos. Se trata de una teoría sociológica que aborda el cambio, la adaptación y la evolución social, que se da en términos informacionales, por un proceso de diferenciación que reduce la complejidad de la realidad. La realidad es compleja en la medida en que no se ha diferenciado. Pero el conocimiento de la realidad no puede ser complejo. Más que una teoría, ofrece un pensamiento complejo, producto de un método de complejización del conocimiento que pasa por una reforma del pensamiento. Lo realmente complejo es la realidad, pero el pensamiento puede ser complejo en la medida en que se cure de simplificar lo real. Construye su perspectiva apoyándose especialmente en la sistémica, la cibernética de segundo orden y la teoría de la comunicación; sin embargo, esta noción de complejidad no puede asumirse como una teoría de la complejidad.

A comienzos del siglo XX, la explicación sistémico-cibernética sustituyó la explicación teleológica de la antigüedad y la mecanicista de la modernidad. La Teoría de Sistemas, formulada por Bertalanffy (1978), reemplaza la concepción todo/partes por la concepción sistema/entorno, argumentando que la formación de los sistemas no depende de una estructura dada, sino que se logra por medio de la interacción con el entorno. El sistema, para poder ser sistema, debe diferenciarse o independizarse del entorno, pero a la vez debe mantener una dependencia del entorno si quiere sobrevivir y evolucionar. Las propiedades esenciales de un organismo o sistema viviente son propiedades del todo que ninguna de las partes posee. Los sistemas no pueden ser comprendidos por medio del análisis aislado; se debe pensar en términos de conectividades, relaciones y contextos, como contrapartida al pensamiento analítico. Estos principios fueron completados con los aportes que permitieron entender los problemas termodinámicos de la entropía y neguentropía de los sistemas (Prigonine, 1997; Maturana, 1996; y Foerster, 1998) y desde desarrollos matemáticos como la geometría fractal y la teoría de las catátrofes, que sustentaron el concepto de autoorganización y las nociones de autorreferencia, autoobservación, reflexión y autopoiesis.

Es una teoría que obliga a pensar de manera relacional; es decir, si tratamos de definir alguno de sus aspectos, nos damos cuenta de que esa definición depende de la definición de cada uno de los otros aspectos de la teoría. De hecho, ésta es una primera característica de lo sistémico. Pensar de manera sistémica es pensar de manera relacional, porque busca explicitar los aspectos de *unidad* que caracterizan un cierto sistema *organizado* de constituyentes y que no pueden resultar de la simple consideración fragmentada de tales constituyentes. Su unidad resulta estar regida por *relaciones funcionales* internas, que traen consigo que el sistema despliega determinadas *funciones*, en las cuales puede hacerse que consista su *objetivo* global.

La comprensión de tales funciones no es posible considerando únicamente las propiedades de sus constituyentes por separado, sino que resulta precisamente de su sinergia organizada: en tal sentido el sistema goza de nuevas propiedades, *emergentes* respecto a las de sus elementos constituyentes, y no es reducible a una simple "suma" de éstas.

Todo sistema (además de estar constituido por "subsistemas" también organizados que desarrollan sus funciones específicas) se halla en interacción con un *medio ambiente*, o "suprasistema". Se trata de una perspectiva *holística*, una perspectiva que considera el todo como algo unitario. Por ejemplo, en un organismo vivo "La célula es cada uno de los elementos microscópicos que constituyen las unidades morfológicas, fisiológicas y reproductivas de las plantas y de los animales. Está formada por un citoplasma y una cubierta protectora. A su vez, el citoplasma es una solución acuosa coloidal que contiene principalmente proteínas, glúcidos, lípidos y ácidos nucleicos", donde la célula funciona de una manera autorregulada, tiene su propio metabolismo, es capaz de dividirse o autorreproducirse, reacciona a los estímulos externos, intercambia con el exterior toda suerte de sustancias de manera selectiva y establece intercambios de información con las demás células. De esa manera, funciona en coordinación con las demás células del organismo, y puede lograr adaptaciones y mutaciones como respuesta a los estímulos e informaciones que le llegan, cambios que se entienden como propiedades emergentes de la célula.

Bertalanffy (1974, 9) propuso que para la comprensión del dinamismo del sistema fue importante la vinculación del concepto termodinámico de *entropía*. Pero la sistémica no se quedó allí, sino que, para poder tener una comprensión de lo vivo, complementó el concepto de entropía con su opuesto, el concepto de *neguentropía*. Y, de esta manera, la sistémica pasó a ser un esquema teórico que justificó e integró en las ciencias ese escurridizo concepto de neguentropía. Es decir, el sistema se puede entender como un todo irreductible y dinámico, o sea, que tiende a la desorganización entrópica, pero logra mantener su organización de manera neguentrópica. A partir de la teoría de sistemas, algo tiene identidad en la medida en que es sistema, y es sistema desde sus relaciones con sus partes, que son a la vez subsistemas, y en su relación con el entorno, que es la vez un suprasistema.

En síntesis, la idea de sistema permite pensar esas totalidades, a la vez, como *relacionadas:* un sistema se constituye como sistema a través de la relación con otros sistemas (subsistemas y suprasistemas); *irreductibles:* por más relacionados que estén los sistemas, no pierden su unidad, identidad y autonomía; *dinámicas:* los sistemas tienden entrópicamente a la desorganización (de esa manera tienden a morir, pero logran vivir o mantener su equilibrio interno a través de procesos neguentrópicos de reorganizanización y de adaptación a las perturbaciones); *adaptables:* los sistemas logran adaptarse y mantener su organización interna; y *cambiantes*: en los procesos dinámicos y adaptables de los sistemas surgen los subsistemas, los suprasistemas o los sistemas, propiedades emergentes. Esas propiedades emergentes hacen que el sistema nunca quede definido o adaptado de manera permanente.

Bertalanffy considera que son características de los sistemas abiertos:

Sinergia o totalidad: los sistemas tienen una identidad propia. Lo importante no es la noción de cantidad sino la de relación; las *interrelaciones*: las relaciones en un sistema pueden ser entre sus elementos o entre éste y su ambiente y significan intercambios de energía, materia o información; la *equifinalidad*: "es la capacidad, demostrada por los sistemas, de llegar a un mismo fin a partir de puntos iniciales distintos, el estado de equilibrio fluyente; la *diferenciación*: durante el desarrollo surge, a partir de la interacción dinámica de los componentes, un cierto orden que impone restricciones y especializaciones a estas partes del sistema" (Bertalanffy, 1974, 39), y en donde las pautas globales difusas se reemplazan por funciones especializadas; la *neguentropía*: los sistemas físicos tienden a un estado de máxima probabilidad de desorganización, en la cual desaparece cualquier diferenciación previa con sus entornos al igualarse con ellos (sin embargo, los sistemas vivos contradicen esta ley con su tendencia a conservar su organización, en un estado de alta improbabilidad, gracias a su capacidad de importar energía o de importar entropía negativa o neguentropía); y el *crecimiento o finalidad*: los sistemas abiertos, como los organismos vivos, se caracterizan por transformarse a través de sus intercambios con el entorno o por importar y exportar sustancias, información y energía.

La palabra cibernética, proviene del término griego *kybernetes*, para referirse a cierto tipo de control: específicamente, timonear una goleta (pequeña embarcación). Wiener (1997) propuso el concepto de cibernética, entendiéndola como el campo interdisciplinario que aborda los problemas de la organización y los procesos de control (retroalimentación) y transmisión de informaciones (comunicación) en las máquinas y en los organismos vivos. La cibernética es una "teoría de las máquinas", pero no estudia objetos sino *modos de comportamiento*. No pregunta ¿Qué es esto? sino ¿Qué hace? (...) Es, por tanto, esencialmente funcional y conductista (...) Trata todas las formas de conducta en la medida en que son determinables, regulares o reproducibles (Wiener, 1997, 11-12). En un sentido más profundo, esos comportamientos automáticos pueden entenderse como procesos de cambio. En consecuencia, el objeto de estudio de la cibernética son los "procesos de cambio determinables". Se puede entender como una analítica del cambio, que formaliza las condiciones y leyes generales del cambio. Es "la ciencia del control del cambio".

La cibernética clásica crea un marco para representar la acción objetivada. Es la ciencia del control y la comunicación en el animal y la máquina (Wiener, 1997). De manera similar, el concepto de control hace lo mismo en relación con la noción específica de objetivo. El fin del control no es ejecutar un objetivo concreto, sino establecer y mantener las condiciones que aseguren la ejecución de objetivos concretos dentro de un esquema dado. La cibernética no clásica aborda el estudio de las acciones reales humanas que están constituidas por actos de elección y, básicamente, por actos de distinción (Spencer-Brown, 1969). La posibilidad de seleccionar implica la capacidad de distinguir las entidades que constituyen las alternativas. Los actos básicos que preparan la acción no son actos de decisión entre alternativas, sino actos de distinción (actos que producen y reproducen una distinción) (Pask, 1975).

Hay una cibernética de primer orden o cibernética de los sistemas observados, que estipula el propósito del sistema (epistemología de primer orden); una cibernética de segundo orden o cibernética de los sistemas observantes, que estipula el propósito del observador (epistemología de segundo orden); y una cibernética de la cibernética o cibernética social de segundo orden (Foerster, 1997).

La relación entre la cibernética no clásica y la ciencia no clásica es recíproca, reflexiva y productiva. La ciencia no clásica negativa (Gödel, 1981 y el principio de incertidumbre) reconoce el fracaso del modelo clásico de objetividad y renuncia a afirmar una posición absoluta para clases específicas de objetividad científica. La ciencia no clásica positiva (principios como el concepto de computación cuántica en Deutsch, 1985; 1999), comprende productivamente el abandono del absolutismo, considerando el carácter no absoluto de las distintas clases de objetividades científicas como condición para sus relaciones recíprocas.

El concepto fundamental en cibernética es el de "diferencia", sea entre cosas evidentemente diferentes, sea entre dos estados de una misma cosa que han cambiado en el transcurso del tiempo. Afirma que los cambios ocurren mediante pasos finitos en el tiempo y que cualquier diferencia es también finita, suponiendo que el cambio se produce mediante saltos mensurables. La teoría explica que la diferencia entre los organismos no vivos y los vivos estriba en que los primeros están sometidos al cambio (la degradación) y los segundos, además de estar sometidos al cambio, son los únicos que controlan el cambio y, con ello, neutralizan su tendencia a la degradación y a la muerte, generando vida.

Además del concepto de "diferencia", que es fundamental en sentido primario, pero no en sentido explicativo, asume los conceptos de "causalidad circular" y de "retroalimentación", que son fundamentales en el sentido explicativo. La retroalimentación (*feedback*) se entiende como el procesamiento de la información que le permite a la máquina o al sistema vivo regular su comportamiento de acuerdo con su funcionamiento real y no en relación con lo que se espera.

Lo que se da en la retroalimentación, en términos lógicos, es una causalidad circular, que se puede entender de la siguiente manera: A causa B y B causa C, pero C causa A; luego, en lo esencial, A es autocausado y el conjunto A, B, C se define prescindiendo de variables externas, como un sistema cerrado. Esta circularidad está presente en todo sistema vivo o no vivo que se autorregule, y es entendida por la cibernética, a partir de la termodinámica y de la teoría de la información de Shannon y Weaver.

Wiener (1997) propuso una posición similar a la de Bertalanffy (1978), en el sentido de que las máquinas cibernéticas son *sistemas cerrados organizacionalmente y abiertos informacionalmente,* o que reciben información de parte del entorno y que actúan sobre éste. Esta información se concibe en términos de *inputs* y *outputs.* Así como el monto de información en un sistema es la medida de su grado de organización, la entropía en un sistema es una medida de su grado de desorganización. Para la cibernética, tanto los organismos vivos como las máquinas autónomas son sistemas organizados que tienden a la entropía y que deben ser capaces de oponerse temporalmente a esa entropía (neguentropía).

Las teorías de la información y comunicación atienden a las preguntas ¿Quién le dice qué, a quién, y con qué efecto?, considerando originalmente que, para producirse una comunicación, debían tomarse en cuenta cinco elementos, organizados de forma lineal: fuente de información, transmisor, canal de transmisión, receptor y destino. Posteriormente se consideraron entonces seis elementos: fuente, encodificador, mensaje, canal, decodificador y receptor.

Shannon incorporó el concepto de "fuente de ruido", que alude a la interferencia o perturbación en la claridad de la transmisión de la información, asociándolo a la noción de entropía propuesta por la segunda ley de la termodinámica. A ello se contrapuso la redundancia (repetición de elementos dentro de un mensaje), relacionada con el concepto de entropía negativa o neguentropía. En su artículo "La teoría matemática de la comunicación" sentó las bases para la Teoría de la Información, referida –en principio– a la transmisión de datos mediante unidades elementales o *bits* (palabra que introdujo en el vocabulario de la informática). En su teoría explicita que el significado no se traslada del emisor al receptor, sino las señales.

Foerster (1981) incorporó el concepto de retroalimentación positiva de la cibernética a los procesos de la comunicación, con lo cual se obtuvo una mayor comprensión de las complejas comunicaciones interpersonales y se pudo pasar de la concepción lineal de la teoría de la información a una circular, en donde no sólo el ruido afecta el estado de la comunicación, sino que también se puede generar orden por ruido. El ruido no sólo es neutralizado y controlado de manera neguentrópica, a través de una retroalimentación negativa, sino que también el ruido puede generar orden, es decir, nuevos procesos comunicativos.

Bateson (1979) propuso que la comunicación es la matriz en la que están enclavadas todas las actividades humanas, para lo cual estableció distintos niveles en la transmisión de la comunicación: verbales lingüísticos y extralingüísticos, no verbales, y contextuales, y un segundo nivel de abstracción (metacomunicación, comunicación acerca de la comunicación). La comunicación es considerada como una relación cualitativamente diferente de las propiedades de los individuos que participan en ella.

Se desarrolló una teoría en la que la gestualidad y el lenguaje configuran en un sistema constituido por múltiples modos de comunicación: tacto, olfato, espacio y tiempo. Se analizó cómo se relacionan las personas respecto a sus posturas y se estudió lo que denomina la proxémica, que es la organización social del espacio interpersonal y los códigos que rigen su utilización, buscando descubrir el *Lenguaje silencioso*.

Pask se interesó por el elemento subjetivo de todo observador en los procesos que describe la ciencia. Elaboró una teoría de la conversación, que define las condiciones requeridas para el acuerdo y delinea una arquitectura para permitir la comprensión. Spencer-Brown elaboró un sistema lógico que busca recuperar la paradoja en el pensamiento, en el que las proposiciones pueden ser verdaderas, falsas o imaginarias, porque no se encuentran en el espacio sino en el tiempo, en uno de los futuros posibles.

El concepto de autopoiesis (Varela, 1996 y Maturana, 1996), se relaciona con la idea que los seres vivos son sistemas que se autoproducen de modo indefinido, de tal suerte que un sistema autopoiético es a la vez productor y producto de sí mismo. En la misma perspectiva se inscriben las aportaciones del Instituto Santa Fe, donde Murray Gell-Mann, Cristopher G. Langton, W. Brian Arthur, Stuart A. Kauffman y Jack D. Cowan desarrollaron una temática referida a la complejidad como "borde del caos", posible de reducir a lo simple. Ello presupone, primero, la jerarquización de la naturaleza en la gama entre lo simple y lo complejo y, segundo, la posibilidad de traducir todo lo real a lo computable. Así, se relaciona lo complejo con la "capacidad computacional". Se inspira especialmente en la teoría del caos, mantiene los presupuestos clásicos de la ciencia moderna y busca aplicaciones prácticas de la comprensión de lo complejo. Fluctúa entre dos concepciones: la complejidad aparente, donde se entiende lo complejo como lo simple complejizado, y la complejidad como incomprensión o como frontera de la ciencia. Puede tender hacia un determinismo refinado, hacia el procedimiento que algunos han calificado de "trasteo computarizado", hacia la instrumentalización y hacia un cientificismo que problematiza poco sus presupuestos epistemológicos, lo que plantea la pregunta ¿Todos los aspectos que muestran los sistemas complejos pueden traducirse en información computable?

La escuela de Prigogine (1997) es pionera en los desarrollos científicos que cuestionan la ciencia moderna. Desde allí crearon una teoría de la autoorganización. Hablan de una complejidad, pero restringida a lo que ellos llaman "sistemas complejos adaptativos", a diferencia de los sistemas simples. Más por tradición que por opción, restringen lo complejo a lo estudiado por las ciencias naturales. Asumen una complejidad numérica (cantidad de variables en juego), que tiende a confundir lo complejo con lo complicado. Su concepción de complejidad es restringida. Se relaciona lo complejo con lo complicado.

3.4 Paradigma de la complejidad

Hay diferencias importantes entre el enfoque kuhniano, referido al mundo de la física y las ciencias naturales (enfoque particular o teórico-metodológico), y el enfoque moriniano (enfoque paradigmático) que recoge el sentido global. Para Morín, el *paradigma* es el lugar a partir del cual se pueden detectar las estructuras paradigmáticas del *gran paradigma de Occidente,* aún vigente.

El hecho de la complejidad se sitúa en lo que los escolásticos llamaban la *haecceidad* –la singularidad concreta– de cada realidad. El propio término *complexus* significa "lo que está tejido en conjunto", o lo conjuntamente entrelazado, lo que está formado por diversos elementos o partes (*plexos: tejidos)*. Significa un conjunto de objetos determinados por caracteres comunes, que equivale a la clase, la totalidad, la estructura o el conjunto, cuyos atributos esenciales son un sistema de relaciones internas que lo convierten en un todo cerrado y autónomo y que permiten hablar de complejo físico, psicológico, sociológico, cultural, casual, de sentido.

El psicoanálisis designa lo complejo como un conjunto de representaciones unidas en una totalidad específica y sumidas en el inconciente por efecto de la censura (complejos de Edipo, de Electra, de castración, de inferioridad, etc.). El complejo es la causa de manifestaciones psíquicas exteriorizadas como conducta fallida (actos-torpeza, sueños, perturbaciones patológicas, etc.), las cuales pueden comprenderse si se les relaciona con el complejo que les da sentido. En lógica, se designa proposición compleja o término complejo al que está constituido por diversos miembros, simplemente aludidos en la expresión o mencionados explícitamente en calidad de explicación complementaria. En historia de la filosofía, complejo o complexo designa lo que se llama un complejo doctrinal.

El paradigma de la complejidad, pensamiento complejo, nueva racionalidad, aproximación transdisciplinar, entre otros nombres, se ha venido construyendo tanto como una perspectiva epistemológica como de una nueva visión de la realidad. Lo complejo parece afirmar la unidad de principios constituyentes en medio de la multiplicidad, o *unitas multiplex.* Esto puede entenderse en dos sentidos: psicológicamente, como la *incapacidad* de comprensión de un objeto que nos desborda intelectualmente (algo que es complejo porque no lo podemos comprender o porque es complicado o confuso), y epistemológicamente, como una *relación de comprensión* con algo que nos desborda (un objeto o una construcción mental), y que, a pesar de todo, tenemos una comprensión parcial y transitoria (algo que es complejo porque tenemos una comprensión distinta, que no podemos reducir o simplificar a una comprensión simple).

La complejidad también es sinónimo de *riqueza de pensamiento*. Lo complejo asume los aspectos del desorden y del devenir como categorías que juegan un papel constructivo y generativo en la realidad y en el conocimiento. Es necesario vincular lo que era considerado como separado y al mismo tiempo es necesario aprender a hacer jugar las certitudes con la incertidumbre: "Siendo todas las cosas causadas y causantes (...) yo tengo por imposible conocer las partes sin conocer el todo, así como conocer el todo sin conocer particularmente las partes" (Pascal). En la lógica de Occidente la imaginación, la iluminación y la creación, no son dignas de atención: lógica y epistemológicamente son condenables:

"No hay nada más fácil que explicar algo difícil a partir de premisas simples admitidas a la vez por el que habla y por el que escucha, nada más simple que perseguir un razonamiento sutil por los rieles que incluyen los mismos cambios de carril y los mismos sistemas de señales"

"Pero no hay nada más difícil que modificar el concepto angular, la idea masiva y elemental que sostiene todo el edificio intelectual" (Morín, 1995).

Algunas especificidades del paradigma de la complejidad son:

- Sin abandonar las determinaciones, adiciona el indeterminismo.
- Considera que la vida es un proyecto con emergencias y creatividades, con singularidades y heterogeneidades; y no mecánico, no lineal, no regular ni homogéneo.
- Los desórdenes y los desequilibrios, en muchas ocasiones, son creadores de órdenes nuevos.
- No hay conocimiento inamovible, ni dogmático, ni absoluto, ni eterno; es transitorio y contradictorio, aproximativo y relativo.
- Los antagonismos son complementarios: no hay orden sin desorden, ni racionalidad sin irracionalidad.

Aunque el discurso o paradigma de la complejidad es una construcción articulada por muchos pensadores, una sistematización propuesta por Morín (1995), pone énfasis en una diversidad de aspectos:

Cuadro 3.2 Aspectos de la sistematización (*Morín*)

Simplicidad	**Complejidad**
Sistemas simples	Sistemas complejos
Mecanicidad	Evolucionismo no lineal
Reversibilidad (rechaza el azar)	Irreversibilidad (azar)
Determinismo	Impredictibilidad
Racionalidad	Irracionalidad
Regularidad (homogeneidad)	Irregularidad (heterogeneidad)
Orden, equilibrio	Desorden, desequilibrio, caos
Tiempo-parámetro	Tiempo-categoría básica
Dicotomía hombre-naturaleza	Continuidad bio-antropo-social
Separa sujeto-objeto	Comunicación sujeto-sujeto
Reducción del contexto (experimentos)	Integración del contexto
Inducción-deducción	Dialéctica empírica-teoría
Principios eternos (verdad)	Principios limitados por la cultura (aproximaciones relativas)

De manera sintética se pueden establecer diferencias básicas entre simplicidad y complejidad:

Cuadro 3.3 Simplicidad y complejidad

Simplicidad	**Complejidad**
Reducción: de lo complejo a lo simple.	Inclusión: en lo complejo, el todo, en la parte y la parte en el todo.
Rechazo (reyección): del alea, del desorden, de lo singular, de lo individual.	Aceptación: del alea, del desorden, de lo singular, de lo individual.
Disyunción: separación entre objetos y contexto; entre sujeto y objeto; entre saberes y disciplinas.	Unión: del objeto con su contexto; del sujeto con el objeto; articulación de saberes y disciplinas.

La simplicidad es necesaria, pero es relativa, pues no constituye lo verdadero y absoluto. La complejidad implica la simplicidad, porque implica la articulación de lo diverso, sin que eso signifique el enmarañamiento de interrelaciones inconmensurables de un sistema, ni la completud del conocimiento de todo sistema, tampoco sinónimo de complicación o multidependencia de lo que se busca conocer.

El paradigma complejo sustenta los supuestos siguientes:

1) La naturaleza tiene un carácter sistémico, integrador, no reducible al campo de ninguna disciplina científica especial.
2) Las relaciones de determinación se caracterizan por la emergencia del orden a partir del desorden, y la superposición del "caos" y el "anticaos".
3) La dialéctica de la interrelación predomina sobre la dialéctica de la contradicción.
4) Interacción cognitiva: el conocimiento del objeto y del sujeto consciente es simultánea.
5) Constructivismo radical: autoorganización (Foerster). Construcción del conocimiento por el sujeto y carácter no adaptativo del conocimiento (Delgado, 1982).

La obra de Morín se articula a partir de los nuevos paradigmas de las ciencias, reordena el conocimiento y se aplica a todo tipo de realidad. Morín utiliza los aportes de la mecánica cuántica, el principio de incertidumbre de Heisenberg, las implicaciones del teorema de Gödel, las demostraciones lógicas de Spencer-Brown, las nuevas lógicas y matemáticas y la sociobiología para construir un paradigma de complejidad que no existe como tal, el cual propone reconocer lo paradigmático de la complejidad.

En *La Méthode*, Morín traza los modos en que emerge, se actualiza o ejemplifica el *pensamiento complejo*. Redefine el concepto de razón proponiendo tres operadores lógicos: el *operador dialógico* (interrelación simultáneamente complementaria, concurrente y antagonista de las instancias necesarias en la organización de un fenómeno), el *operador recursivo* (no sólo hay interacción sino también retroacción de los procesos en circuito solidario), y el *operador holográmico* (cada punto del holograma contiene la presencia del objeto en su totalidad). Estos tres operadores del *pensamiento complejo* permiten una representación del proceso de *auto-eco-organización,* o de la existencia como tal de todo fenómeno. La idea de ser no se entiende aquí como noción *sustancial* sino como "*idea organizacional*" (Morín, 2000).

- El paradigma de la complejidad tiene, en Morín, diversas dimensiones simultáneas:
- En la dimensión semántica, contiene dentro de sí los conceptos fundamentales o categorías rectoras del entendimiento y del sentido humano. Estos conceptos y categorías organizan las teorías y los discursos que desarrolla el paradigma.
- En la dimensión lógica, el paradigma permite y organiza las operaciones y relaciones de interacción entre los conceptos y categorías fundamentales de la intelección y de la acción humana.
- En la dimensión ideológica, está constituido por principios o axiomas que funcionan de manera invisible e inexplicable, de allí que presenten un carácter de invulnerabilidad.
- En la dimensión prelógica, el paradigma presenta caracteres *prelógicos* de disociación, asociación, rechazo, unificación que controlan de manera inconsciente las operaciones y relaciones lógicas del entendimiento.

El paradigma dispone, como todos los paradigmas, de un principio de exclusión, es decir, que excluye como si no existieran datos, ideas, teorías que no estén conformes con él. Igual, es un organizador invisible del núcleo organizacional visible de la teoría, y está recursivamente unido a los discursos, teorías y sistemas que él genera y como toda organización recursiva el generador es generado por aquello que él genera. Postula pensar en términos de organización lo que hasta ahora hemos pensado desde el orden; pensar no de manera disyuntiva, reductiva, excluyente y simplificadora, sino de manera integrada y transversal, sabiendo que no se trata de elegir entre la simplificación o la complejidad, sino de buscar un intersticio para el pensamiento y la vida en el que sea posible pensar la simplificación como un momento del pensamiento complejo: navegar entre confusión y abstracción, distinguir sin aislar, hacer que se comunique lo que está distinguido. La distinción requiere la conexión, que requiere a su vez la distinción, etc., una epistemología que vaya del conocimiento al conocimiento del conocimiento y del conocimiento del conocimiento al conocimiento (Vallejo-Gómez, 1996).

La antropología política de Morín diagnostica la situación actual del ser humano y del mundo: "la unidad de la tierra, de la unidad/diversidad de la biósfera (ecología), la unidad/diversidad del ser humano (antropología) de nuestro estatuto antropo-bio-físico, de nuestro *dasein*" (Morín, 1995), enfrentando el reto de la complejidad planetaria. Al antiguo sustrato bio-antropológico que constituye la unidad de la especie humana se añade, ahora, un tejido comunicacional, civilizacional, cultural, económico, tecnológico, intelectual, ideológico. Mediante el proceso de planetarización, en el ámbito individual y "antropo-poético" la constitución de la humanidad pasa porque seamos capaces de reconocer en el prójimo, en los otros, un *ego alter* que potencialmente es un *alter ego*. De este modo, cuando la prosecución consciente de la hominización culmine en la creación de la humanidad, la naturaleza ternaria (individuo/sociedad/especie) que es el sistema homo, se tornará "tetralógica" (individuo/especie/sociedad/humanidad).

A lo anterior se le agrega un nuevo par de finalidades: progresar/resistir. Resistir ética y políticamente a las fuerzas de barbarie, de dispersión, de destrucción; a los antagonistas de la evolución de una *unitas multiplex* fundada en la organización de la diferencia sin disolverla. Para ello, es necesaria la antropologización del desarrollo: re-pensar la idea de desarrollo para acabar con una idea de desarrollo economicista occidentalocéntrica, buscando la ruptura con toda una mitología centrada en el desarrollo lineal, en el progreso infalible. La antropo-política debe ser consciente de que la realidad es compleja y debe ser elaborada a partir de las ideas faro-guía, de las finalidades terrestres (Morín, 1995, 121).

Las categorías esenciales del paradigma son:

Orden y desorden. Uno de los sustentos del paradigma complejo es el segundo principio de la termodinámica (Carnot y Clausius), que indica que el universo tiende al desorden (entropía); y, al mismo tiempo, el propio universo se organiza, complejiza y desarrolla (neguentropía). Los principios de termodinámica afirman que la energía se conserva (primer principio), que la energía se degrada bajo la forma de calor (segundo principio) (Carnot y Clasius).

La teoría del Biga-Nang (*Big Bang*) expone que el origen del universo fue una gran explosión que provocó su desintegración, y es desintegrándose como se organiza. El universo nació en el momento que hizo nacer el tiempo del no-tiempo; e hizo nacer la materia de la no-materia.

Autoorganización. En la visión tradicional determinista, no hay sujeto, no hay conciencia, no hay autonomía. En el universo todo lo que se crea, se crea no solamente al azar y el desorden, sino mediante procesos autoorganizadores, donde cada sistema crea sus propios determinantes y sus procesos determinantes. El sujeto no es consciente, no es afectividad, no son sentimientos. El sujeto es subjetividad: se coloca en el centro de su propio mundo, ocupa el lugar del "Yo". Cada uno, solamente podemos decir "Yo" por sí mismo, nadie puede decirlo por otros.

Autonomía. La autonomía depende de condiciones culturales y sociales. Para ser nosotros mismos necesitamos un lenguaje, una cultura, un saber amplio y variado, tal que nos permita elegir con base en la reflexión autónoma "A menudo tenemos la impresión de ser libres, sin serlo. Pero podemos serlo".

Complejidad y completud. La complejidad tiene diferentes niveles: el primero es la incertidumbre y el desorden; el segundo son las contradicciones lógicas. La complejidad aspira a la completud, pero no es completud.

Conciencia de multidimensionalidad. Toda visión unidimensional es simple, pero al mismo tiempo, no es posible tener un saber total: "la totalidad es la no verdad".

Complicación. Complejidad no es complicación. La complicación es entrelazamiento extremo de las inter-retroacciones. Es un aspecto de la complejidad. No es la complejidad, ni es su opuesto, es uno de sus constituyentes.

Razón, racionalidad, racionalización. La razón es la visión coherente de los fenómenos, de las cosas y del universo. Es lógica. La racionalidad es diálogo entre nuestro espíritu, que crea las estructuras lógicas, que las aplica al mundo real, y dialoga con él. "Hay más cosas en el mundo que toda nuestra filosofía" (Shakespeare). No engloba la totalidad de lo real dentro de un sistema lógico. Dialoga con aquello que lo resiste. La racionalización es querer encerrar la realidad dentro de un sistema lógico coherente, descartando lo que lo contradice, olvidándolo o colocándolo al margen.

Relación antropo-social. El metasistema es un sistema metahumano y metasocial, capaz de observar a la sociedad y a su entorno. "Ningún sistema es capaz de autoexplicarse totalmente a sí mismo, ni de autoprobarse totalmente" (Lógica de Tarski y Gödel).

Autoorganización. La organización viviente es la autoorganización, equivalente a la Teoría de los Autómatas Autorreproductores y equivalente a la Teoría Cibernética. La autoorganización comprende lo viviente. La máquina viviente es lo contrario de la máquina artefacto.

Método científico y complejidad. En el marco del paradigma de la complejidad, la concepción simplista del "método científico" en el análisis de lo social (multicausalidad, subjetividad, definición/delimitación del objeto, aparición del azar, etc.) ha conducido, como en otros campos del conocimiento, a un limitante, parcial, rutinario y atrofiado conocimiento de la complejidad de lo humano colectivo, dado que al simplificar la realidad se tiene la creencia de que se le conoce y también se tiene la creencia de que se le domina (Morín, 1995, 323).

Desde hace más de tres siglos, el modelo clásico de ciencia que ha dominado en la cultura de Occidente se caracteriza por los siguientes rasgos básicos.

Cuadro 3.4 Modelo clásico de ciencia en Occidente

Rasgos	Características
Monismo metodológico	El método científico es único para todos los campos de conocimiento.
Cánon metodológico	El quehacer científico solamente es posible empleando el método de las ciencias físico-naturales (cuantificación, matematización, causalidad determinista y lineal, regularidad), incluso para las ciencias humano-sociales.
Explicación causal	La explicación causa-efecto es la finalidad misma del conocimiento.
Razón instrumental	La "razón instrumental" emplea el método científico para el control y dominio de la naturaleza.
Objetividad	Los enunciados, hipótesis y teorías se presentan como neutrales al someterlos a criterios de verificación y refutación pública.
Privilegia la experimentación	El método implica plantear problemas, estructurar rigurosamente conceptos, construir hipótesis comprobables, operacionalizar conceptos, descubrir regularidades y formular premisas teóricas explicativas.

Gráfica 3.2 Explicación causal

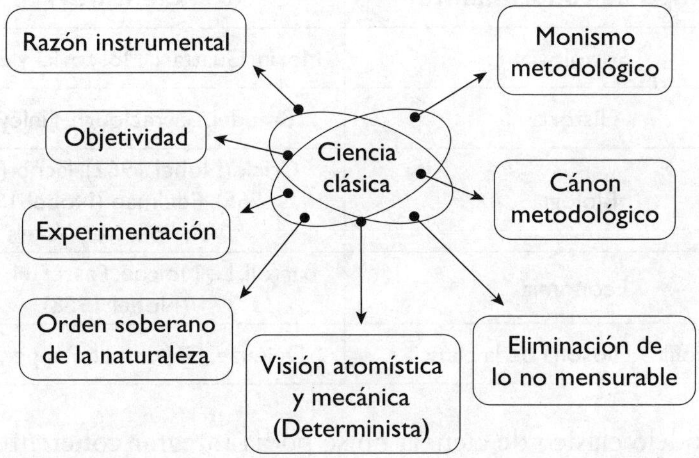

Esta visión del método científico, iniciada con las aportaciones de Newton sobre la construcción de un universo de leyes, absolutas y eternas para la explicación de la naturaleza bio-física y humano-social, comenzó a ser cuestionada desde hace dos siglos por la filosofía crítica y la filosofía existencial (Wright, 1979), y con mayor intensidad a mediados del siglo XX con las interrogaciones de diversas disciplinas, campos y teorías, sin obtener respuestas convincentes.

Cuadro 3.5 Campos y científicos que han planteado cuestionamientos

Campo de conocimiento	Científicos
Física y química	Böhm, Heisenberg, Feynman (Nobel 1988), De Gennes (Nobel 1991), Charpak (Nobel 1992)
Lógica matemática	Gödel
Lógica semántica	Tarski
Filosofía de la ciencia	Popper, Kuhn, Holton, Lakatos, Feyerabend
Constructivismo piagetano	Piaget
Epistemología	Von Foerster, Maturana, Varela
Teoría de sistemas / teoría del caos	Lorenz
Termodinámica de sistemas distantes al equilibrio	Prigonine

Campo de conocimiento	Científicos
Sociología	Morín, Guattari, Moscovici y Balandier
Historia	Braudel, Barraclough, Finley, Vilar
Biología	Crick (Nobel 1962), Jacob (Nobel 1965), Edelman (Nobel 1972), Von Foerster, Varela
Economía	Bartoli, Le Moigne, Passet, H. Simmon (Nobel 1988)
Filosofía y Filosofía de la ciencia	Deleuze, Geymonat, Popper, Serres

En el modelo clásico de ciencia no se podía integrar coherentemente la idea de caos, el carácter aleatorio de los sistemas naturales y humanos, la irreversibilidad del tiempo, la inestabilidad y, por tanto, la impredecibilidad del universo, entre muchas otras cuestiones. En el siglo XX la primera revolución científica, generada por la física cuántica (Böhm y Heisenberg) provocó la ruina del dogma determinista, el cuestionamiento de toda idea de unidad simple en la base del universo, la introducción de la incertidumbre como componente sustancial en el conocimiento científico, y provocó la toma de conciencia epistemológica sobre las premisas del saber científico. La segunda revolución científica apareció con las grandes reestructuraciones científicas que conllevan la consideración de conjuntos organizados o sistemas que implican aproximaciones complejas y transdisciplinares en entidades globales como el cosmos, las ciencias de la tierra, la ecología o el ser humano. Ambas revoluciones prepararon la reforma del pensamiento y abrieron el camino a la complejidad, dado que éste se manifestaba cada vez que un pensamiento simplificante conducía a una crisis (Morín, 1995, 119).

Algunos de los problemas que ahora se plantean las ciencias biofísicas como la relatividad, la indeterminación, el contexto o la subjetividad ya se habían planteado por las ciencias humanas y sociales, dado que las determinaciones, leyes, causas y orden preconizado por aquellas no eran suficientes para explicarlos. Esto es indicativo del agotamiento del paradigma en que se sustenta la ciencia clásica instrumental, en la cual se puede evidenciar:

- Imposibilidad de recoger procesos naturales en el marco de un pequeño número de leyes, vinculado al determinismo, la simetría y la simplicidad de la naturaleza: "si conocemos el presente podemos conocer el futuro".
- Imposibilidad de explicar fenómenos naturales por procedimientos lineales caracterizados por la repetición y la predictibilidad, como el tiempo metereológico (que presenta diversos componentes que interaccionan de modo complejo), los ecosistemas, las entidades económicas y el comportamiento cerebral, dado que en los sistemas no lineales las entradas o emergencias pequeñas pueden tener efectos espectaculares.
- Imposibilidad de sustentar la idea de reductibilidad de un universo fragmentado, de extraordinarias diferencias cualitativas, complejas y polifacéticas.
- La irracionalidad impenetrable a la razón. En la naturaleza no hay sólo irracionalidad sino también azar, libertad, autonomía, destino, espontaneidad, que se oponen a las explicaciones causales, deterministas y mecánicas propias de la ciencia clásica, y que no pueden comprenderse en el esquema de una ciencia basada en "leyes generales".
- La inclusión del tiempo, en el análisis de los fenómenos biofísicos demuestra que la reversibilidad y el determinismo solamente pueden aplicarse a casos simples y limitados.
- El principio de incertidumbre de Heisenberg (1987) pone en entredicho la objetividad en el conocimiento de la realidad, dado que el investigador, al medir sus objetos, los altera, los modifica, por lo que es imposible el conocimiento de la realidad caracterizada por la incertidumbre.
- Gödel formuló el principio de incompletitud, el cual afirma la imposibilidad de que una teoría pueda ser a la vez consistente (que todas sus expresiones sean verdaderas) y completa (que todas sus expresiones verdaderas puedan ser probadas), dado que en toda teoría hay por lo menos una expresión que, aun siendo verdadera, no puede ser probada.

Particularmente en las ciencias sociales el paradigma de la simplicidad sustentado por la ciencia clásica instrumental plantea diversos problemas metodológicos:

- La visión determinista de las teorías en lo histórico social "solamente puede pretender una validez parcial y muy condicional" (Castoriadis, 1994, 73), dado que si la sociedad se autocrea, se despliega como historia, con lo cual deja de tener sentido la búsqueda de "leyes" o explicaciones deterministas, dado que no basta la fórmula del postulado general para explicar el acontecimiento.
- La relación causa-efecto impide explicar fenómenos de la sociedad concebida como un tejido de componentes heterogéneos inseparablemente asociados, donde eventos, acciones, interacciones, determinaciones, retroacciones y azares se conjugan para producir un mundo social fenoménico. La causalidad no puede ser la finalidad explicativa de nuestras disciplinas.
- La "objetividad" de la ciencia empirista, que excluye el sentido común en la observación inmediata y directa de la realidad social, excluye también el ámbito donde nacen las preguntas, aparecen las intrigas y surge la curiosidad que propicia la formulación de problemas, ignorando que al observar la transformación de lo real se evita la repetición estéril de conceptos, de vacíos esquemas teóricos y de limitantes estrategias metodológicas.
- Un desafío más que enfrenta el método científico instrumental es la necesidad de escapar a la simplificación del pensamiento alternativo. Gran parte de los aportes de las ciencias humano-sociales caen en la tentación de recurrir a las figuras binarias o dualistas (libertad-totalitarismo, capitalismo-socialismo, valores espirituales-culto a la materialidad, empirismo-teoricismo, objetividad-subjetividad, verdadero-falso, dominante-dominado, burguesía-proletariado, centro-periferia, etc.).
- "La subjetividad ineliminable es" (Castoriadis, 1994), la cual implica la inclusión de lo objetivo en una relación inseparable. No hay separación del objeto del sujeto, como lo establece la ciencia instrumental.

La idea de complejidad implica:

- *Dialogicidad.* Modo de pensar esencialmente no dogmático, una estructura dialéctica de pensar que sabe preguntar y responder.
- *Interacción-organización.* El comportamiento de un sujeto tiene como referencia a otro u otros sujetos; y el del otro u otros tiene como referencia al primero.

Gráfica 3.3 Idea de la complejidad: desafío no respuesta

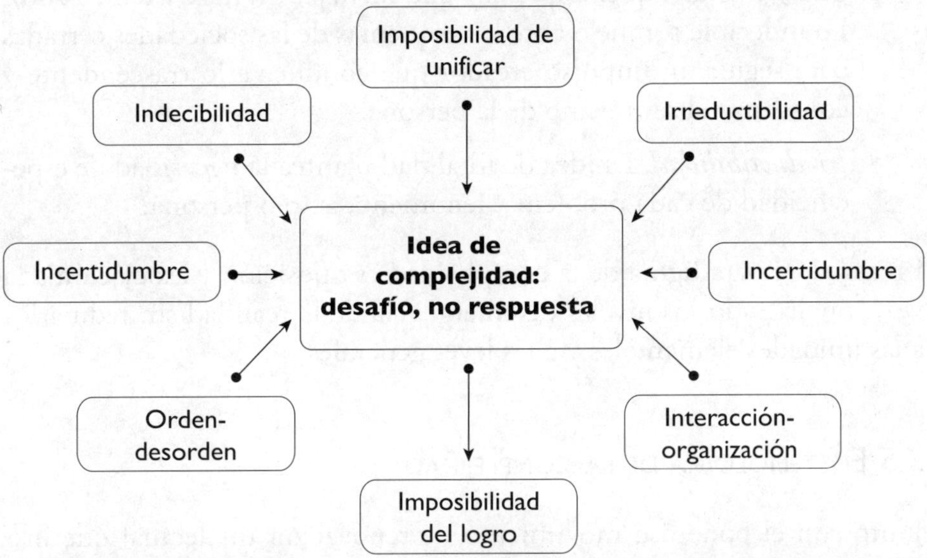

- *Orden-desorden.* Al mismo tiempo coexiste el desorden, sin el cual el orden carece de sentido. No hay orden sin desorden.
- *Unión de simplicidad y complejidad.* La realidad no puede describirse o explicarse o analizarse de manera simple, pues la naturaleza de los objetos que la componen no pueden explicarse sin explicar sus relaciones entre sí. Simplicidad y complejidad son inseparables.
- *Imperfección.* No existe perfección en la realidad existencial, dado que la realidad está en movimiento y por lo mismo en mutación.
- *Imposibilidad de unificar.* Nada existe en un sentido unívoco.
- *Imposibilidad del logro.* A partir de la idea de que la realidad está en movimiento, no existe la posibilidad del logro de metas, pues el

movimiento plantea cada vez nuevos desafíos; por ello, los logros son solamente puntos de tránsito hacia nuevas finalidades.

- *Incertidumbre.* Es la ausencia de certezas, es lo indeterminado de la realidad (Heisenberg, 1987): cuanto más exactamente se determina la velocidad o momento de una partícula, tanto menos exactamente puede determinarse la posición de esa partícula, y viceversa.
- *Indecibilidad.* Lo indecible es lo místico, aquello de lo que no se puede hablar, aquello que hay que silenciar (Wittgenstein, 1988). Lo indecible rompe o abre los esquemas de las sociedades cerradas para seguir un impulso creador que conduce a lo trascendente y constituye el ser mismo de la persona.
- *Irreductibilidad.* La idea de totalidad plantea la necesidad de especificidad de cada problema, fenómeno, acto o persona.

En suma, el paradigma de la complejidad es oposición y asociación a la vez, concibiendo los niveles de emergencia de la realidad sin reducirlos a las unidades elementales y a las leyes generales.

3.5 Epistemología de la complejidad

Junto con el poderoso movimiento de renovación intelectual que inspira la revolución científica, la lógica clásica se transforma y halla un momento de *perfección formal.* Éste tiene lugar a partir de las investigaciones lógico-filosóficas de Frege, quien, tras las huellas de Aristóteles, Kant, Leibniz y Boole, se propuso formalizar la lógica clásica, otorgándole la tarea de *hallar las leyes del ser verdad.* "En las leyes del ser verdad se despliega el significado de la palabra verdadero" (Frege, 1984, 50), y creando la lógica moderna, también conocida como *lógica matemática.*

Los sistemas de lógica no clásica que se crean tienen un rasgo común: todos ponen en cuestionamiento los fundamentos y la estructura misma de la lógica clásica.

Lukasiewicz (1977) intenta mostrar de qué modo los argumentos que justifican la validez universal del principio de contradicción son débiles y propone la necesidad de proceder a una revisión de los fundamentos de la lógica. Posteriormente inaugura este campo lógico al formular su sistema de *lógica trivaluada* (L3), misma que generaliza al desarrollar sus sistemas *n-valuados e infinito-valuados.* Lo singular de estos nuevos sistemas de lógica reside en el hecho de que se erigen en contra de la dicotomía clásica "verdadero o falso". Vasilec crea su *lógica imaginaria* y sugiere la necesidad de sobrepasar los límites de la lógica clásica. Jaskowski construye el primer sistema de lógica formal que limita o restringe la validez del principio de no contradicción, formalizando el primer sistema de *lógica paraconsistente.*

En el seno de la escuela polaca se crean los primeros sistemas formales de *lógicas multivaluadas.* Lewis inauguró el periodo moderno de la lógica modal. Para la construcción de su sistema de lógica, parte de la crítica a la implicación material explicitada en los *Principia mathematica* de Whitehead y Russell (1973) e introduce una distinción al observar que existe otra implicación distinta de la material, más fuerte que ella y con diferentes leyes o propiedades formales, a la que llamó *implicación estricta.* Kripke (1986) publicó *Naming and necessity*, en donde introduce la idea moderna de *mundos posibles.* Con esta idea se dieron las condiciones de posibilidad para el desarrollo de un número considerable de lógicas basadas sobre una semántica de los mundos posibles. En estas lógicas se transforma el concepto de *verdad necesaria* que aparece relativizado al depender del *marco* sobre el cual se generan los modelos.

Cuadro 3.6 Epistemologías emergentes

Autores	**Lógicas**
Gottlob Frege	Lógica moderna (Lógica Matemática)
N.Vasilev	Lógica imaginaria, sobrepasando las lógicas clásicas
Jaskowski	Lógica paraconsistente (Limita el principio de no contradicción)
Jan Lukasiewicz	L3 Lógica Trivaluada (Sistemas n-valuados e Infinito-valores de verdad)
Lewis	Lógica modal (Implicación estricta no material)
Brower	Intuicionismo matemático (Niega la validez del principio de tercero exclusivo)

De acuerdo con lo anterior, se concluye que las más de las lógicas no clásicas se constituyen en pruebas lógicas de la insuficiencia lógica de la lógica: es insostenible la cuestión de la unidad y de la universalidad de la lógica clásica y, en suma, de cualquier lógica; y queda recusada la validez universal de los principios de bivalencia, no-contradicción y tercio excluso, dotando al pensamiento complejo de algunas herramientas lógico-formales para confrontar la borrosidad, la contradicción y la incertidumbre.

El tratamiento formal y lógico de la contradicción, su no-eliminación a *priori*, no sólo abre el campo de posibilidad lógica de las teorías inconsistentes que ya han visto el día (la microfísica, la teoría de objetos de Meinong, la complejidad moriniana), sino que también prepara el campo de posibilidad lógica para el advenimiento de una nueva forma de racionalidad científica y discursiva, tratándose de una complejidad lógica que no se deja reducir: la resistencia que lo real le opone a lo lógico, al pensamiento. Esta complejidad desborda todo pensamiento moderno, dado que todo discurso, todo sistema de ideas que aloje en su seno una contradicción, forzosamente se encuentra con la imposibilidad de distinguir lo verdadero de lo falso.

Las lógicas no clásicas, como las lógicas multivaluadas y la lógica intuicionista, transgreden la validez universal y la necesidad de los principios de bivalencia y del tercio excluso. La racionalidad clásica es incapaz de "reconocer" la incertidumbre, ni de tratarla lógicamente; tampoco de capturar algunos aspectos lógicos de lo antinómico, lo indecidible y lo indeterminado; ni de abrirse a un ámbito de la verdad sin unidad, donde es posible aún un número infinito de valores aléticos, sin por ello abandonar lo absolutamente verdadero o absolutamente falso de la lógica clásica.

Lo epistemológico puede relacionarse con la complejidad, por lo menos, en tres sentidos: los *planteamientos* que el nuevo discurso de la complejidad hace de los problemas epistemológicos en sentido amplio; los *supuestos* epistemológicos que la complejidad tiene y la aparición de una epistemología compleja, en el sentido de una metodología, sin que ello implique plantear una nueva epistemología, en el sentido de una metodología. El lenguaje de la reflexión epistemológica de las teorías de la complejidad no coincide ni encaja completamente con el lenguaje de la tradición epistemológica filosófica clásica, porque la tradición epistemológica filosófica desconoce las implicaciones epistemológicas profundas de los nuevos desarrollos científicos. La física cuántica, la matemática (teorema de Gödel) y la termodinámica (principio de entropía), etc., cuestionaron esa fundamentación fuerte en las distintas disciplinas, desconcertando a los epistemólogos, quienes vieron cómo el anterior conocimiento necesario se convertía en contingente.

Mientras la ciencia moderna tiene una opción metafísica por una ontología del orden, la nueva ciencia hace otra opción, en donde la palabra más adecuada no es desorden sino "organización". Los aportes de las nuevas álgebras, las nuevas geometrías: Teoría de las Catástrofes (Thom, 1997), Teoría de los Objetos Fractales (Maldelbrote, 1987), la topología y las nuevas lógicas (polivalentes, paraconsistentes, divergentes, difusas, etc.), junto con la generalización de los sistemas adaptativos (en donde se dan emergencias y bifurcaciones de nuevas organizaciones), han acabado con la idea de que la lógica del conocimiento de la realidad está constituida por lo regular, lo ordenado, lo lineal, lo unívoco. La fenomenología, la hermenéutica, el constructivismo, la psicología de la *Gestalt* y la psicología cognoscitiva contemporánea muestran la autorreferencia entre los datos que se reciben de la realidad y los datos que construye el sujeto en torno a la realidad.

La epistemología contemporánea ha introducido el contexto sociohistórico en el conocimiento científico, y en otros campos se ha producido el retorno del observador-conceptuador. Se ha dado un paso de la epistemología de la objetividad a la epistemología de la reflexividad, asumiendo que la inducción y la verificación no prueban lógicamente nada y que la ciencia no posee una metodología infalible (Popper, 1967); que no existe un método no condicionado históricamente y libre de prejuicios (Gadamer, 1981); que detrás del conocer están el interés y el poder (Foucault, 1968 y la Escuela de Frankfurt); que ya no es posible mantener la idea de una metodología científica universal, clara y distinta, ni tampoco un método de demarcación entre ciencia y metafísica, y que la ciencia no es suprahistórica o suprasocial (Kuhn, 1975; Hanson, 1977; Lakatos, 1983; Feyerabend, 1986; Holton, 1989; Toulmin, 1953).

Una epistemología compleja podría traducir la crisis y la complejización de la epistemología, en un pensamiento epistemológico articulador, plural y fluido, que se organiza, desorganiza y reorganiza y que no pretende ya ser, como los anteriores, un determinado orden canónico de pensamiento establecido. Esa complejización debe pensarse, ella misma, como problema, y una muy apropiada manera es desde la conceptualización de la "complejidad de lo epistemológico", que implica los principios básicos generales del constructivismo radical:

- El conocimiento no se percibe pasivamente, ni a través de los sentidos, ni por medio de la comunicación, sino que es construido activamente por el sujeto cognoscente.
- Lo epistemológico no versa sobre el mundo real, sino sobre los contenidos de experiencias de los sujetos.
- La función de la cognición es adaptativa y sirve a la organización del mundo experiencial del sujeto, no al descubrimiento de una realidad ontológica objetiva.
- No niega una realidad ontológica: le niega al experimentador humano la posibilidad de obtener una verdadera representación de ella.

El constructivismo es una epistemología de la epistemología que debe dar cuenta de sí misma, y del constructivista que debe dar cuenta de sí mismo. En esa perspectiva debe preguntar ¿Descubrimos o inventamos? (Kronecker y Brower). Por ejemplo, ¿Una neurona sólo codifica la intensidad y no la causa? ¿No tengo la idea de frío y calor, música, oscuridad, luz y sonido? ¿Cómo hacemos eso? ¿Cómo construimos las experiencias que vemos? ¿Es posible decir algo sin ninguna ambigüedad? Si todo puede decirse sin ambigüedad se tendrá un resultado; pero si se toman todas las ambigüedades, se tendrían miles de resultados y no se sabría cuál de ellos es el correcto (Principio de codificación indiferenciadora, McCulloch y Pitts). Los sistemas termodinámicamente abiertos: en el álgebra no hay números negativos, en la sistémica (autopoiesis) se producen elementos del sistema. La autopoiesis es hechura de uno mismo.

"Cada uno de nosotros nos vemos a nosotros mismos a través de los ojos del otro. Cuando los ojos del otro mueren, estamos ciegos. Pero cuando nos damos cuenta de que estamos ciegos, podemos ver" (Frankel, citado por Foerster, 1998).

El constructivismo radical puede ser un buen acercamiento a lo que sería una epistemología compleja, porque radica lo epistemológico en el sujeto, no sólo en sus funciones intelectivas sino también en las activas, como adaptación a su medio vital.

Epistemología de segundo orden

En el paradigma cartesiano, el sujeto determina el conocimiento con su pensamiento (*Cogito, ergo Sum* = pienso, luego existo). *Cogito* es el sujeto biológico = autoinformación, autocomunicación, autoidentificación, autoconocimiento = subjetividad. Los cambios de la segunda mitad del siglo XX afectaron los ideales respecto al mundo, a la naturaleza y al objeto de investigación, y afectaron los ideales respecto al sujeto y sus intervenciones en el proceso de conocimiento. Al producirse una revolución científica, una reconstrucción de los fundamentos del conocimiento humano, entendido como pensamiento (Descartes), producto exclusivamente humano, ha cedido lugar a una comprensión del conocimiento vinculado a la "vida" y a la capacidad de "calcular", computar, presente en los seres vivos.

"*Cogito ergo Sum*" = pienso, luego existo, pasa a ser "*Computo ergo Sum*": interpreto la vida. El sujeto era cogitante (pensante). Ahora toda la entidad computante constituye un sujeto. El sujeto es el resultado del proceso de evolución de la vida de la Tierra: biológico, terrícola, concreto. El observador es el sujeto cosmológico, situado en el espacio tiempo (teoría de la relatividad), donde es un observador. Para conocer se debe intervenir y cambiar ese mundo. La intervención del sujeto con el micromundo tiene un carácter situado (mecánica cuántica): el Sujeto puede conocer desde su perspectiva. No es productor de conocimiento universal.

En el paradigma de la complejidad, el sujeto computa (*Computo, ergo Sum*). Computo es la capacidad de distinción del Sí en relación con el no–Sí; y un circuito/bucle en el que el computante que ocupa el puesto egocéntrico (Yo) se objetiva como computado (Mí), distinto e identificado consigo mismo. La dimensión cognitiva de la organización viviente es autocognitiva.

Gráfica 3.4 Revolución científica: revolución en el hombre

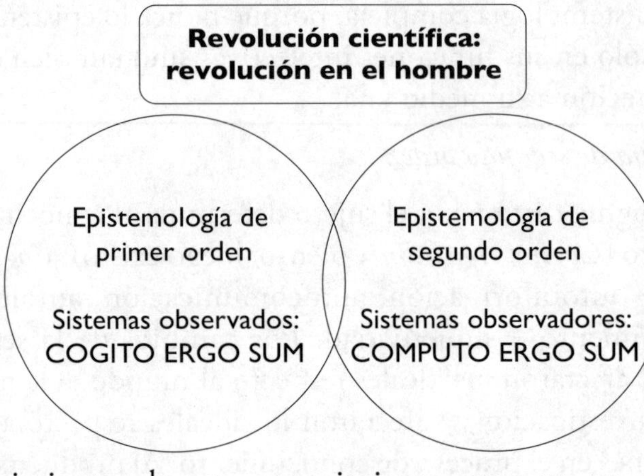

Autoconocimiento de un conocimiento que no se conoce. El cómputo es la autorreflexión ausente/presente. En el circuito reflexivo autocomputante las operaciones organizadoras/cognitivas son unir, distinguir, disociar, combinar, permutar, identificar un Yo, un Sí, un Mí. Computar significa con, conjunto, que une o confronta lo que está separado; separa o disjunta; evalua, estima, examina y supone. Todo sujeto excluye a cualquier otro sujeto de su puesto de sujeto. La referencia a sí es todo el soporte lógico de la noción de sujeto. La autotrascendencia consiste en el sujeto que se eleva sobre el nivel de su entorno. El egocentrismo se incluye en el sociocentrismo: un Mí es un Nosotros y un Nosotros es Mí (Hegel, 1971).

"Yo" inicial – puesto egocéntrico exclusivo; "Mí" – sujeto objetivado como ser individual e identificado con el "Yo"; "Soy" – cualidad de ser y modalidad de existencia del sujeto; "Yo" inicial – final - Mí mismo –Yo" (Morín, 1990).

Cuadro 3.6 Cogito-Computo

Cogito	**Computo**
Conciencia del "Soy"	Produce el "Soy": ser, existencia y cualidad del Sujeto
Conoce el Yo o el Mí, separando la máquina viviente de la subjetividad	Computa al Yo, Mí y Sí, la corporalidad física Mí – Yo

En consecuencia, los animales superiores poseen autoorganización, que comporta inseparablemente una dimensión de autoconocimiento y de autoafirmación-de-sí. La autoafirmación activa es lo propio de todo ser viviente, aunque no se sabe si todo ser viviente realiza una distinción cognitiva Sí / no-Sí. La computación egocéntrica de sí, para sí, por sí que tiende a satisfacer necesidades, intereses propios de sí. La cibernética descubrió la causalidad circular y la vinculación orden-desorden (Organización). El mundo no es una entidad compuesta por partículas, objetos y fenómenos que interactúan, sino metáforas dinámicas que reconocen el vínculo entre orden, desorden y organización emergente.

Lo anterior planteó una ruptura epistemológica sistémica, que consiste en superar la epistemología de primer orden (Los sistemas observados. Relación sujeto-objeto) por la epistemología de segundo orden (Piensa el pensamiento de los objetos y los sistemas observadores. Inclusión de la subjetividad), lo que implica transitar de la noción de objeto separado, "individual", a la red de relaciones que constituye cierta integración.

El conjunto de nociones que se enlazan con el pensamiento sistémico conducen al planteo del problema de la crisis de la percepción (Capra, 1991). Nuestra percepción de un mundo de objetos "cosas" se somete a escrutinio y es reevaluada. El objeto no es estable, sino extraído de un conjunto de interrelaciones múltiples (proceso, interrelación, vínculo), pero no es ya una entidad cosificada. Depende de la perspectiva del sujeto. Lo anterior no cambia al Sujeto.

Y también plantea una ruptura epistemológica de segundo orden, que consiste en establecer los límites de la objetividad. La ruptura epistémica capta la dinámica del objeto externo, supera la noción del objeto "cosa", pero no distingue la actividad objetivadora del Sujeto, ni rompe con la noción intuitiva del sujeto universal separado del objeto. Presta atención a la actividad objetivadora del Sujeto, y explora los límites de la objetividad (Maturana, 1996; Varela, 1996; Foerster, 1998).

Para las epistemologías de segundo orden, el individuo constituye una unicidad fenoménica, físico-química; único para sí; computando para sí. "Yo, único, puedo decir yo para mí". "Aquel que es el único y al mismo tiempo cualquiera" (Hilbert, 1971). Es auto-ego-céntrico y autorreferente. Consiste en una transición de la noción de objeto separado, "individual", a la red de relaciones que constituye cierta integración. El sistema de relaciones tiene una estabilidad dinámica que cambia constantemente sus componentes, pero que mantiene su identidad en ese intenso proceso de interrelaciones.

En consecuencia, no hay una relación de orden preestablecida. Las epistemologías de segundo orden prestan atención a la actividad objetivadora del Sujeto, y exploran los límites de la objetividad.

El objeto no es estable, sino extraído de un conjunto de interrelaciones múltiples (proceso, interrelación, vínculo), pero no es ya una entidad cosificada. Depende de la perspectiva del sujeto. Lo anterior no cambia al Sujeto.

La ruptura epistémica capta la dinámica del objeto externo, supera la noción del objeto "cosa", pero no distingue la actividad objetivadora del Sujeto, ni rompe con la noción intuitiva del sujeto universal separado del objeto.

El pensamiento complejo construye su aporte, especialmente, al develar la problemática del segundo orden en el conocimiento: el proceso del conocimiento consiste, análogamente a la retroalimentación de la cual nos habla la cibernética, en conocer cómo estamos conociendo nuestro conocimiento del mundo. Esto tomando en cuenta que conocer significa ser observadores–conceptuadores–actores. Este conocimiento del conocimiento, o segunda instancia de reflexividad, es el punto de partida para una epistemología compleja y, a la vez, para una complejización de la epistemología. El conocimiento del conocimiento depende de múltiples y dispersos conocimientos científicos, pero la validez de esos conocimientos múltiples y dispersos depende del conocimiento del conocimiento.

"Una epistemología compleja (...) no habla de la existencia de una instancia soberana que sería *Mossieu L´Epistémologue* controlando de forma irreductible e irremediable todo saber. No existe un trono soberano: existe una pluralidad de instancias. Cada una de estas instancias es decisiva; cada una es insuficiente. Cada una de estas instancias comporta su principio de incertidumbre (...) El problema de la epistemología es el de hacer que se comuniquen estas instancias separadas; es, de algún modo, hacer el circuito..." (Morín, 1983).

La epistemología compleja replantea la idea de "método", entendido como metodología, como "programa", y la complementa con la idea de "estrategia": el método es programa y estrategia. El programa constituye una organización predeterminada de la acción. La estrategia encuentra recursos y rodeos, realiza inversiones y desvíos. El programa efectúa repetición de lo mismo en lo mismo, es decir, necesita de condiciones estables para su ejecución. La estrategia es abierta, evolutiva, afronta lo imprevisto, lo nuevo. El programa no improvisa ni innova. La estrategia improvisa e innova. El programa sólo puede experimentar una dosis débil y superficial de alea y de obstáculos en su desarrollo. La estrategia se despliega en las situaciones aleatorias, utiliza el alea, el obstáculo, la diversidad, para alcanzar sus fines. El programa sólo puede tolerar una dosis débil y superficial de errores en su funcionamiento. La estrategia saca provecho de sus errores... El programa necesita del control y la vigilancia computante. La estrategia no sólo necesita control y vigilancia, sino, en todo momento, competencia, iniciativa, decisión (Morín, 1983).

En la racionalidad del pensamiento complejo se navega entre la ciencia y la no ciencia, se desarrolla un pensamiento lo menos mutilante posible y lo más racional posible. Se respetan los requisitos para la investigación y la verificación propios del conocimiento científico, y los requisitos para la reflexión propuestos por el conocimiento filosófico. Como se ha explicado, el segundo principio de la termodinámica es un principio del desorden (Boltzman): el mundo físico tiende a la decadencia y el mundo biológico tiende al progreso. Ambos son las dos caras de la misma realidad.

Las ideas generales son ideas huecas, pero el rechazo a las ideas generales es aún más hueca, porque es una idea hipergeneral. Los *thematas* (Holton, 1989) y postulados ocultos (Popper, 1967) son ocultos: ideas generales acerca del mundo, de la racionalidad y del determinismo. Hay ideas ocultas en el conocimiento científico.

3.6 Principios del pensamiento complejo

Gráfica 3.5 Principios de la complejidad

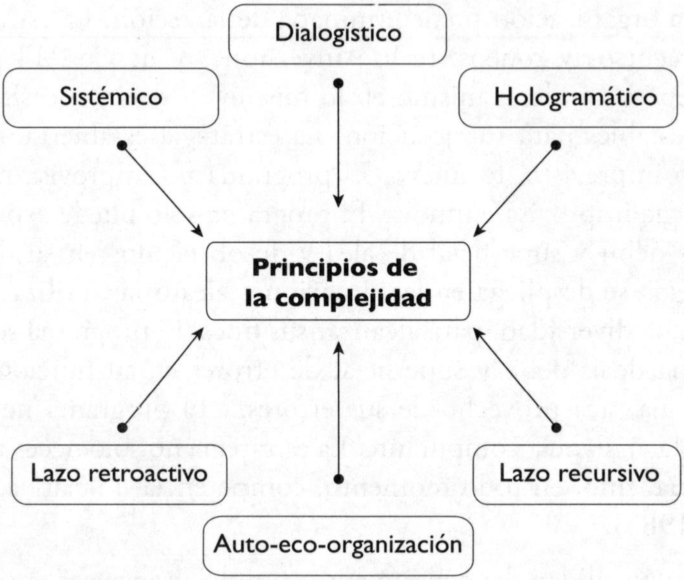

En la perspectiva de que la complejidad integra a la simplicidad y se abre sobre lo inconcebible, y que es un principio del pensamiento que considera al mundo y no como principio revelador de la esencia del mundo, asume los principios siguientes:

Primer principio sistémico u organizativo

- Liga el conocimiento de las partes con el conocimiento del todo.
- "Considera imposible conocer el todo sin conocer las partes y conocer las partes sin conocer el todo" (Pascal).
- La idea sistémica se opone a la reduccionista sustentando que "el todo es más que la suma de las partes".
- Del átomo a la estrella, de la bacteria al hombre y a la sociedad, la organización de un todo produce unas cualidades o propiedades nuevas respecto a las partes consideradas aisladamente: las emergencias.
- La organización del ser vivo produce unas cualidades desconocidas a nivel de sus constituyentes físico-químicos.

- El todo es igualmente menos que la suma de las partes, cuyas cualidades son inhibidas por la organización del conjunto.

Segundo principio dialógico

- Une dos principios o nociones que deben excluirse mutuamente, pero que son indisociables en una misma realidad.
- Mantenimiento de la dualidad en el seno de la unidad.
- Orden-desorden-organización desde el nacimiento del universo a partir de una agitación calorífica (desorden) donde, en ciertas condiciones (encuentros al azar), unos principios de orden van a permitir la constitución de núcleos, átomos, galaxias y estrellas.
- La dialógica entre el orden, el desorden y la organización, a través de innumerables interretroacciones, está en constante acción en los mundos físico, biológico y humano.
- La dialógica permite asumir la inseparabilidad de unas nociones contradictorias para concebir un mismo fenómeno complejo.
- Niels Bohr reconoció, por ejemplo, la necesidad de concebir las partículas físicas a la vez como corpúsculos y como ondas.
- Los individuos son como corpúsculos autónomos desde un cierto punto de vista, al mismo tiempo que se desvanecen, desde otro punto de vista, en el seno de las dos continuidades que son la especie y la sociedad: cuando se considera la especie o la sociedad, el individuo desaparece; cuando se considera al individuo, la especie y la sociedad desaparecen.
- El pensamiento debe asumir dialógicamente los dos términos que tienden a excluirse mutuamente.

Tercer principio hologramático

La voz griega *holon* significa "*todo*". Pero no se trata de una totalidad. Es un todo que no totaliza. En una organización, el todo está inscrito en cada una de sus partes. Se presenta bajo tres modalidades, bajo tres maneras de estar el todo en las partes:

Cuadro 3.7 Modalidades del todo

Modalidad	**Definición**	**Ejemplo**
Holonómica	El todo, en tanto que todo, puede gobernar las actividades locales.	El cerebro, en tanto que todo, gobierna los núcleos de neuronas que lo gobiernan.
Hologramática	El todo puede, aproximadamente, estar inscrito o engramado en la parte inscrita en el todo.	En cada célula está la totalidad de la información genética del organismo.
Holoscópica	El todo puede estar contenido en una representación parcial de un fenómeno o de una situación.	Es lo que ocurre en los procesos de rememoración y de percepción.

- El holograma físico es el menor punto de la imagen del holograma, que contiene la casi totalidad de la información del objeto representado. "La parte está en el todo y el todo está en la parte."
- El holograma biológico consiste en que cada célula de nuestro organismo contiene la totalidad de la información genética de ese organismo.
- Pone en evidencia la aparente paradoja de las organizaciones complejas, donde no sólo la parte se encuentra en el todo sino donde el todo está inscrito en la parte.
- Cada célula es una parte del organismo total; la totalidad del patrimonio genético está presente en cada célula individual.
- La sociedad está presente en cada individuo en tanto que un todo a través de su lenguaje, su cultura, sus normas.
- Lo anterior quiere decir que todo lo podrido de nuestra sociedad está presente en cada uno de nosotros.
- El menor punto de la imagen del holograma contiene la casi totalidad de la información del objeto representado.

- No solamente la parte está en el todo, sino el todo está en la parte. Este principio está en el mundo biológico y en el sociológico.
- El reduccionismo únicamente ve las partes.
- El holismo solamente ve el todo.

Cuarto principio del lazo o bucle retroactivo

- Permite el conocimiento de los procesos autorreguladores (Wiener, 1973).
- Rompe con el principio de causalidad lineal: la causa actúa sobre el efecto, el efecto sobre la causa.
- El mecanismo de regulación anterior permite la autonomía de un espacio en relación con otros espacios.
- De modo complejo, la "homeostasis" de un organismo vivo es un conjunto de procesos reguladores fundados en múltiples retroacciones.
- El bucle de retroacción (*feedback*) permite, bajo su forma negativa, reducir la desviación y así estabilizar un sistema.
- Bajo su forma positiva la retroacción es un mecanismo amplificador (la violencia de un protagonista arrastra una reacción violenta a su alrededor, que a su vez arrastra una reacción, todavía más violenta).
- Inflacionarias o estabilizadoras, las retroacciones son legión en los fenómenos económicos, sociales, políticos o psicológicos.

Quinto principio del lazo recursivo

- Cada momento es producido y, al mismo tiempo, es productor (por ejemplo, el remolino). Los productos y los efectos son, al mismo tiempo, causas y productores de aquello que los produce. La recursividad rompe la idea lineal de causa-efecto, de producto-productor, de estructura-superestructura.
- La noción de recursividad está asociada con la idea de bucle retroactivo, pero lo supera largamente; por tanto, va más allá de la idea cibernética de regulación.

- El principio de recursividad conduce al pensamiento complejo a las ideas de autoproducción y autoorganización, hacia la retroacción de los productos sobre el productor, para reconocer y traducir, en términos de la teoría, aquellas entidades y características que son productos a la vez que productores y causas del mismo proceso que las produce: *esto es un bucle recursivo.*
- Supera la noción de regulación por la de la autoorganización y autoproducción.
- Los productos y los efectos son ellos mismos productores y causantes de lo que los produce.
- Un principio de recursividad organizacional establece que cada momento del "remolino" es producido y, al mismo tiempo, es productor (lógica recursiva).
- El individuo es producto de un proceso de reproducción anterior, que se vuelve productor del proceso que va a continuar.
- Los individuos humanos producen la sociedad en y por sus interacciones, pero la sociedad, en tanto que un todo emergente, produce la humanidad de estos individuos aportándoles el lenguaje y la cultura.

Sexto principio de auto-eco-organización

- No puede haber "descripción ni explicación de los fenómenos fuera de la doble inscripción y de la doble implicación en el seno de una dialógica compleja que asocie de manera complementaria, concurrente y antagonista las lógicas autónomas e internas propias del fenómeno, por una parte, y las ecológicas de sus entornos, por la otra" (Morín, 1983).
- La explicación de los fenómenos debe considerar tanto la lógica interna del sistema como la lógica externa de la situación o entorno.
- El pensamiento complejo debe ser un pensamiento ecologizado que, en vez de aislar el objeto estudiado, lo considere en y por su relación eco-organizadora con su entorno.
- Los seres humanos desarrollan su autonomía dependiendo de su cultura.

- Los seres vivos son seres autorganizadores que sin cesar se autoproducen y por lo mismo gastan energía para mantener su autonomía.
- Dado que tienen necesidad de extraer de su entorno energía, información y organización, su autonomía es inseparable de esta dependencia.
- Lo anterior es la razón para concebir a los seres humanos como seres auto-eco-organizadores.
- El principio de auto-eco-organización vale para los seres humanos que desarrollan su autonomía mientras dependen de su cultura.
- También es válido para las sociedades que se desarrollan dependiendo de su entorno geo-ecológico.
- La auto-eco-organización viva se regenera permanentemente a partir de la muerte de sus células: "vivir de muerte, morir de vida" (Heráclito). Vida y muerte son, a la vez, antagónicas y complementarias.

Séptimo principio dialogístico

- Nosotros mismos somos seres separados y autónomos, al mismo tiempo que formamos parte de dos continuidades inseparables: la especie y la sociedad.
- Hay una dualidad en la unidad. Los dos términos son, a la vez, complementarios y antagonistas.
- Es un principio de conocimiento que une o pone en relación ideas o principios de dos lógicas que de suyo son antagónicas. Su vocación epistemológica es captar el modo de existencia, el funcionamiento y las interdependencias contextuales de un "fenómeno" complejo.
- Afina el pensamiento para captar las contradicciones fecundadas que aparecen cada vez que tiene que vérselas con un sistema complejo. Es un diálogo de lógicas entre orden, desorden y organización.
- La unidualidad entre dos términos significa que éstos son, a la vez, ineliminables e irreductibles.

- La organización viviente nació del encuentro de dos entidades físico – químicas: ADN (tipo estable que puede reproducirse y que lleva en sí misma una memoria hereditable) y aminoácidos (proteínas de formas múltiples, extremadamente inestables, que se degradan y se reconstituyen sin cesar a partir de mensajes que urgen del ADN).

Octavo principio de la reintroducción del conocedor en todo conocimiento

- Opera la restauración de sujeto.
- Discute la problemática cognitiva central: desde la percepción a la teoría científica, todo conocimiento es una reconstrucción/traducción por un espíritu/cerebro en una cultura y un tiempo dados.
- La reforma del pensamiento es de naturaleza no programática, sino paradigmática, porque concierne a nuestra aptitud para organizar el conocimiento.
- La naturaleza paradigmática permite conformarse con la finalidad de la cabeza bien organizada, es decir que facilitaría el pleno empleo de la inteligencia.
- Nuestra lucidez depende de la complejidad del modo de organización de nuestras ideas.

Noveno principio de la complejidad

- El procedimiento consiste en hacer una ida y vuelta incesantes entre certezas e incertidumbre.
- Una interacción entre lo elemental y lo global.
- Una relación entre lo separable y lo inseparable.
- En necesario el uso de la lógica clásica y los principios de identidad, de no contradicción, de deducción e inducción.
- Pero es necesario, a la vez, conocer sus límites y saber que en ciertos casos, es necesario transgredirlos.

Décimo principio de emergencia

- En las realidades (conjuntos o todos) organizadas emergen cualidades y propiedades nuevas (a las que podemos llamar "emergencias"), que no son reducibles a los elementos (partes) que las componen y que retroactúan sobre esas realidades.

- Las emergencias son definibles como "las cualidades o propiedades de un sistema que presentan un carácter de novedad en relación con las cualidades o propiedades de los componentes considerados aisladamente o dispuestos de forma diferente en otro tipo de sistema" (Morín, 1981).
- No se puede sacrificar el todo a la parte (como hace el reduccionismo), pero tampoco sacrificar la parte al todo (como hace el holismo).

Undécimo principio de borrosidad

- El pensamiento razona (Morín, 1988) con enunciados y conceptos inciertos o indecidibles.
- Se opone al principio de bivalencia y a la tendencia a no reconocer entidades de medianía.
- Posibilita superar algunas de las dicotomías clásicas: hombre/mujer, ser/no ser… Va más allá de las ideas claras y distintas.

El cerebro de hoy, que apareció hace 100 mil años, es el mismo de Buda, Jesús, Leonardo, Mozart, Kant, Hegel, Rimbaud, Einstein; de negros, blancos, amarillos y cobrizos; de esclavos y libres; sacerdotes y ateos; calculadores, poetas, filósofos e ingenieros.

3.7 Educación y formación docente

Para Morín (1999, 11), la educación y la enseñanza son dos términos que coinciden y se diferencian "Educación es una palabra fuerte: 'puesta en práctica de los medios propios para asegurar la formación y el desarrollo de un ser humano; los medios en sí mismos'. La enseñanza, arte o acción de transmitir a un alumno unos conocimientos de modo que él los comprenda y asimile, tiene un sentido más restrictivo, pues es sólo cognitiva. La palabra enseñanza resulta insuficiente, pero la palabra educación comporta un exceso y una carencia". La enseñanza debe ser educativa, con la misión de transmitir no el saber puro, sino una cultura que permita comprender nuestra condición y ayudarnos a vivir, al mismo tiempo que favorecer un pensamiento abierto y libre. Si bien el saber no nos vuelve ni mejores ni más felices, la educación puede ayudar a ser mejor y, si no dichosos, enseñarnos a asumir la parte prosaica y vivir la parte poética de nuestras vidas.

Cada vez es más grande, profunda y grave la existencia de saberes discordes, encapsulados en las disciplinas, así como de realidades y problemas multidisciplinarios, transversales, multidimensionales, globales y planetarios, provocando situaciones donde se hacen invisibles los conjuntos complejos, las interacciones y retroacciones entre las partes y el todo, las entidades multidimensionales y los problemas esenciales. La hiperespecialización que fragmenta y compartimentaliza impide ver lo global y lo esencial. La partición de las disciplinas hace imposible captar "lo que está tejido junto", es decir, el sentido complejo. El desafío de la globalidad es, así, al mismo tiempo el desafío de la complejidad (Lleras, 1982).

Detrás de lo global y lo complejo, se esconde el desafío de la expansión incontrolada del saber, la cual edifica una torre de Babel que nos domina porque no podemos dominar nuestros saberes, dado que el conocimiento no es conocimiento sino organización puesta en relación y en contexto con las informaciones:

- Mientras que la cultura humanista se enfrenta a las grandes interrogantes humanas, estimula la reflexión sobre el saber y favorece la integración personal de los conocimientos, la cultura científica, de naturaleza totalmente distinta, separa los campos del conocimiento, suscita descubrimientos y teorías, pero no una reflexión sobre el destino humano y sobre el curso de la vida misma.
- El saber se ha vuelto cada vez más esotérico (accesible sólo a especialistas) y anónimo (cuantitativo y formalizado), perdiéndose con ello el derecho ciudadano al conocimiento. Cuanto más técnico, más retrocede la competencia democrática. Es necesaria, por tanto, una democracia cognitiva que propicie una reforma del pensamiento sobre el conocimiento de todas las cosas humanas y también sobre el conocimiento científico.

- La reforma del pensamiento permitiría el pleno empleo de la inteligencia para articular las culturas separadas, que potencie nuestra aptitud para organizar el conocimiento. La reforma de la enseñanza debe conducir a la reforma del pensamiento y la reforma del pensamiento debe conducir a la reforma de la enseñanza.
- La primera finalidad de la enseñanza debe ser el logro de mentes ordenadas en lugar de mentes llenas (Montaigne). "No se enseña a los hombres a ser razonables y se les enseña todo lo demás" (Pascal). "...La finalidad de nuestra escuela (...) consistiría (...) en enseñarle (al pueblo) a repensar lo pensado, a desaber lo sabido y a dudar de su propia duda, que es el único modo de empezar a creer en algo" (Juan de Mairena).
- Un pensamiento unificador se abre de por sí sobre el contexto de los contextos: el contexto planetario. Para pensar localmente hay que pensar globalmente, como para pensar globalmente hay que saber también pensar localmente.
- La escuela debe enseñar a vivir. "Quiero enseñarle a vivir" (Rousseau en *Emilio*). Las escuelas deben enseñar al descubrimiento de nuestra subjetividad, de la complejidad humana, del *homo sapiens* y del *homo demens*, deben ser escuelas para aprender la comprensión humana, enseñar que toda percepción es una traducción reconstructora operada por el cerebro a partir de terminales sensoriales, y que ningún conocimiento puede dejar de ser una interpretación.
- Enseñar a vivir implica aprender a conocer los límites del conocimiento. Tener la certidumbre de que es imposible eliminar ciertas incertidumbres: "Los dioses nos crean muchas sorpresas: lo esperado no se cumple y un Dios abre la puerta a lo inesperado" (Eurípides en *Medea*); "Es necesario que el cuerpo docente se sitúe en los lugares más avanzados del peligro que constituye la incertidumbre permanente del mundo" (Heidegger); "Si no esperas lo inesperado, no lo encontrarás" (Heráclito); "La era que vendrá nos mostrará el caos detrás de la ley" (Wheeler).

Gráfica 3.6 Finalidad de la enseñanza

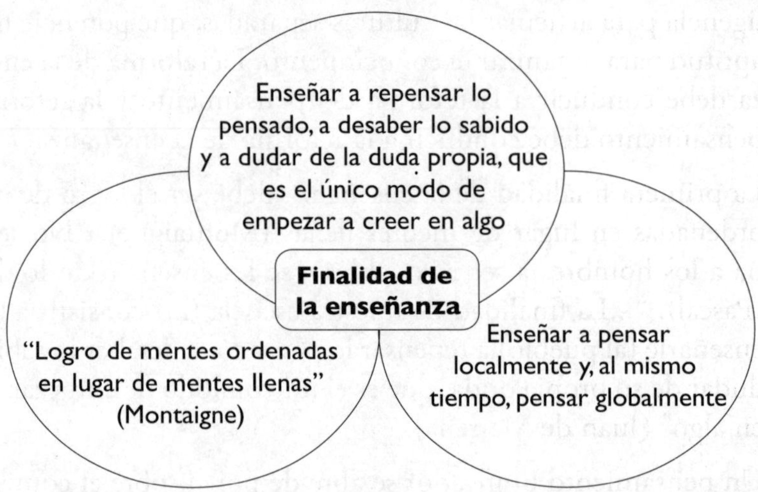

Existen tres principios de incertidumbre en el conocimiento: cerebral: el conocimiento no es nunca un reflejo de lo real, sino siempre traducción y reconstrucción; psíquico: el conocimiento de los hechos siempre es tributario de la interpretación; epistemológico: conocer y pensar no es llegar a una verdad absolutamente cierta, sino que es dialogar con la incertidumbre.

Un modo de pensamiento que permita reformar la educación, requiere de instituir un diezmo epistemológico o interdisciplinario que dedique un diez por ciento del tiempo al conocimiento de las determinaciones y premisas del conocimiento; la racionalidad, el carácter científico, la objetividad; la interpretación, la argumentación; el pensamiento matemático; la relación entre el mundo humano, el mundo vivo, físico-químico, el cosmos mismo; la interdependencia y las comunicaciones entre las ciencias; los problemas de complejidad en los diferentes tipos de conocimiento; la cultura de las humanidades y la cultura científica; la literatura y las ciencias humanas; y la ciencia, la ética y la política.

La reforma de la educación implica la necesidad de un pensamiento que:

- Capte que el conocimiento de las partes depende del conocimiento del todo, y que el conocimiento del todo depende del conocimiento de las partes.

- Reconozca y trate los fenómenos multidimensionales en lugar de aislar de manera mutiladora cada una de sus dimensiones.
- Reconozca y trate las realidades que son a la vez solidarias y conflictivas.
- Respete lo diverso y al mismo tiempo reconozca lo único.
- Reconozca lo complejo (lo que está tejido junto).
- No se puede reformar la institución sin haber reformado previamente los espíritus, pero no se pueden reformar los espíritus si no se han reformado previamente las instituciones.

En consecuencia, la misión educadora asume cinco propósitos esenciales:

- Proporcionar una cultura que permita distinguir, contextualizar, globalizar, enfrentarse con los problemas multidimensionales, globales y fundamentales.
- Preparar los espíritus para hacer frente a las incertidumbres que no cesan de crecer, haciéndoles descubrir la historia insegura y aleatoria del universo, la vida y la humanidad, y favoreciendo en ellos la inteligencia estratégica y la apuesta por un mundo mejor.
- Educar para la comprensión humana entre próximos y entre lejanos.
- Enseñar la afiliación a su origen, historia, cultura y ciudadanía.
- Enseñar la ciudadanía terrestre, a base de mostrar a la humanidad en su unidad antropológica y sus diversidades individuales y culturales, igual en su comunidad de destino propia de la era planetaria.

La calidad educativa debe incluir varias dimensiones y enfoques, complementarios entre sí: la calidad entendida como eficacia (en la que los alumnos en realidad aprenden lo que se supone que deben aprender); la calidad entendida como relevancia (cuyos contenidos respondan adecuadamente a lo que el individuo necesita para desarrollarse como persona: en los aspectos intelectual, afectivo, moral y físico, y para desempeñarse adecuadamente en los diferentes ámbitos de la sociedad: el político, el económico y el social); y la calidad entendida como procesos y medios que el sistema brinda a los alumnos.

Morín (1999) elaboró para la Organización de las Naciones Unidas para la Educación, la Ciencia y la Cultura (UNESCO) un informe en el que expresa sus ideas sobre la educación para el siglo XXI, en el marco del paradigma de la complejidad, con la pretensión única y esencial de exponer problemas centrales o fundamentales que permanecen por completo ignorados u olvidados y que son necesarios para enseñar en el siglo XXI. Morín sustenta que hay siete saberes "fundamentales" que la educación del futuro debería tratar en cualquier sociedad y en cualquier cultura sin excepción alguna, ni rechazo según los usos y las reglas propias de cada sociedad y de cada cultura. Las ideas nucleares del documento son las siguientes.

Todo conocimiento conlleva el riesgo del error y de la ilusión. Error e ilusión parasitan la mente humana desde la aparición del *homo sapiens*, dado que hay El talón de Aquiles del conocimiento, pues la educación debe mostrar que no hay conocimiento que no esté, en algún grado, amenazado por el error y por la ilusión. "Un conocimiento no es el espejo de las cosas o del mundo exterior. Todas las percepciones son a la vez traducciones y reconstrucciones cerebrales." La educación debe, entonces, dedicarse a la identificación de los orígenes de errores, de ilusiones y de cegueras.

Hay errores mentales, intelectuales y de la razón, por lo que es necesario "reconocer en la educación para el futuro un principio de incertidumbre racional: si no mantiene su vigilante autocrítica, la racionalidad se arriesga permanentemente a caer en la ilusión racionalizadora; es decir, que la verdadera racionalidad no es solamente teórica ni crítica sino también autocrítica.

Hay, a la vez, cegueras paradigmáticas, dado que el paradigma instaura las relaciones primordiales que constituyen los axiomas, determina los conceptos, impone los discursos y/o las teorías, organiza la organización de los mismos y genera la generación o la regeneración. "Al determinismo de los paradigmas y modelos explicativos se asocia el determinismo de las convicciones y creencias que, cuando reinan en una sociedad, imponen a todos y a cada uno la fuerza imperativa de lo sagrado, la fuerza normalizadora del dogma, la fuerza prohibitiva del tabú (…) Los humanos poseídos son capaces de morir o de matar por un dios, por una idea (…) Lo inesperado nos sorprende porque nos hemos instalado con gran seguridad en nuestras teorías, en nuestras ideas y éstas no tienen ninguna estructura para acoger lo nuevo" (capítulo I, "Las Cegueras del Conocimiento: el Error y la Ilusión").

Existe una inadecuación, amplia, profunda y grave entre los saberes desunidos, compartimentados y divididos con las realidades y problemas polidisciplinarios, transversales y multidimensionales de la globalidad planetaria, razón por la que urge que la educación evidencie el contexto, la globalidad, la multidimensionalidad y lo complejo, promoviendo una "inteligencia general" apta para referirse, de manera multidimensional, a lo complejo, al contexto en una concepción global. "Nuestros sistemas de enseñanza operan la disyunción entre las humanidades y las ciencias, y la separación de las ciencias en disciplinas hiperespecializadas concentradas en sí mismas." Los problemas esenciales son la reducción, la disyunción y especialización cerrada, y la falsa racionalidad (capítulo II, "Los Principios de un Conocimiento Pertinente").

"La educación del futuro deberá ser una enseñanza primera y universal centrada en la condición humana. Estamos en la era planetaria. Conocer lo humano es, principalmente, situarlo en el universo y a la vez separarlo de él. De allí la necesidad, para la educación del futuro, de una gran religazón de los conocimientos resultantes de las ciencias naturales con el fin de ubicar la condición humana en el mundo." Somos resultado del cosmos, de la naturaleza, de la vida, pero debido a nuestra humanidad misma, a nuestra cultura, a nuestra mente, a nuestra conciencia, nos hemos vuelto extraños a este cosmos que nos es secretamente íntimo. En este sentido asume que la complejidad humana no se comprendería separada de tres elementos que la constituyen: "todo desarrollo verdaderamente humano significa desarrollo conjunto de las autonomías individuales, de las participaciones comunitarias y del sentido de pertenencia con la especie humana".

"El siglo XXI deberá abandonar la visión unilateral que define al ser humano por la racionalidad (*homo sapiens*), la técnica (*homo faber*), las actividades utilitarias (*homo economicus*), las necesidades obligatorias (*homo prosaicus*). El ser humano es complejo y lleva en sí de manera bipolarizada los caracteres antagónicos. Por esta razón concluye: "la educación debería mostrar e ilustrar el Destino con las múltiples facetas del humano: el destino de la especie humana, el destino individual, el destino social, el destino histórico, todos los destinos entrelazados e inseparables. Así, una de las vocaciones esenciales de la educación del futuro será el examen y el estudio de la complejidad humana" (capítulo III, "Enseñar la Condición Humana").

"Este planeta necesita un pensamiento policéntrico capaz de apuntar a un universalismo no abstracto sino consciente de la unidad/diversidad de la humana condición; un pensamiento policéntrico alimentado de las culturas del mundo. Educar para este pensamiento es la finalidad de la educación del futuro que debe trabajar en la era planetaria para la identidad y la conciencia terrenal." La noción de Tierra-Patria implica aprender a "estar-ahí" en el planeta, lo cual quiere decir aprender a ser, vivir, compartir, comulgar también como humanos del planeta Tierra. Debemos inscribir en nosotros la conciencia antropológica, la conciencia ecológica, la conciencia cívica terrenal y la conciencia espiritual de la humana condición, porque estamos comprometidos con la humanidad planetaria y en la obra esencial de la vida que consiste en resistir a la muerte. La educación del futuro deberá aprender una ética de la comprensión planetaria (capítulo IV, "Enseñar la Identidad Terrenal").

De acuerdo con el pensamiento de Eurípides "Los dioses nos dan muchas sorpresas: lo esperado no se cumple y para lo inesperado un dios abre la puerta", Morín dice que "Aún no hemos incorporado en nosotros el mensaje de Eurípides que es esperar lo inesperado. El fin del siglo XX ha sido propicio, sin embargo, para comprender la incertidumbre irremediable de la historia humana". Se ha aprendido a finales del siglo XX que hay que sustituir la visión de un universo que obedece a un orden impecable por una visión donde el universo es el juego y lo que está en juego es una dialógica (relación antagónica, competente y complementaria) entre el orden, el desorden y la organización. "Es por eso que la educación del futuro debe volver sobre las incertidumbres ligadas al conocimiento (cf. capítulo II) ya que existe: incertidumbre cerebromental, incertidumbre lógica, incertidumbre racional e incertidumbre psicológica.

"La realidad no es evidentemente legible. Las ideas y teorías no reflejan sino que traducen la realidad a la cual pueden traducir de manera errónea. Nuestra realidad no es otra que nuestra idea de la realidad (…) El conocimiento es una aventura incierta que conlleva en sí mismo y permanentemente el riesgo de ilusión y de error". Hay dos vías para enfrentar la incertidumbre de la acción. La primera es la plena conciencia de la apuesta que conlleva la decisión; la segunda el recurso a la estrategia. La estrategia debe prevalecer sobre el programa (capítulo V, "Enfrentar las Incertidumbres").

Hay dos comprensiones: una intelectual y comprensiva y otra intersubjetiva, calificando a ésta como esencialmente humana y para la que es insuficiente la primera, identificando como obstáculos para ella el egocentrismo, el etnocentrismo y sociocentrismo y el espíritu reductor. Por ello espera que la educación cultive el bien pensar y la introspección, la conciencia de la complejidad humana, que implica la apertura subjetiva, la interiorización de la tolerancia y el aprendizaje entre las culturas: "Dada la importancia de la educación en la comprensión a todos los niveles educativos y en todas las edades, el desarrollo de la comprensión necesita una reforma planetaria de las mentalidades; esa debe ser la labor de la educación del futuro" (capítulo VI, "Enseñar la Comprensión").

Una antropo-ética debe considerar el bucle individuo-sociedad-especie, del que surge la conciencia y el espíritu propiamente humano "La antropo-ética conlleva, entonces, la esperanza de lograr la humanidad como conciencia y ciudadanía planetaria": enseñar la democracia y complejidad, impulsar la dialógica democrática, enseñar la ciudadanía terrestre de que hablaba Terencio: *Homo sum nihil a me alienum puto* (Soy humano, nada de lo que es humano me es extraño). "La humanidad, de ahora en adelante, es una noción ética: ella es lo que debe ser realizado por todos y en cada uno."

La humanidad dejó de ser una noción meramente biológica debiendo ser reconocida de manera plena con su inclusión indisociable en la biósfera; la humanidad dejó de ser una noción sin raíces; ella se enraizó en una "Patria", la Tierra, y la Tierra es una Patria en peligro. La humanidad dejó de ser una noción abstracta: es una realidad vital ya que desde ahora está amenazada de muerte por primera vez. La humanidad ha dejado de ser una noción solamente ideal, se ha vuelto una comunidad de destino y sólo la conciencia de esta comunidad la puede conducir a una comunidad de vida; la humanidad, de ahora en adelante, es una noción ética: ella es lo que debe ser realizado por todos y en cada uno" (capítulo VII, "La Ética del Género Humano").

Gráfica 3.7 Diezmo epistemológico

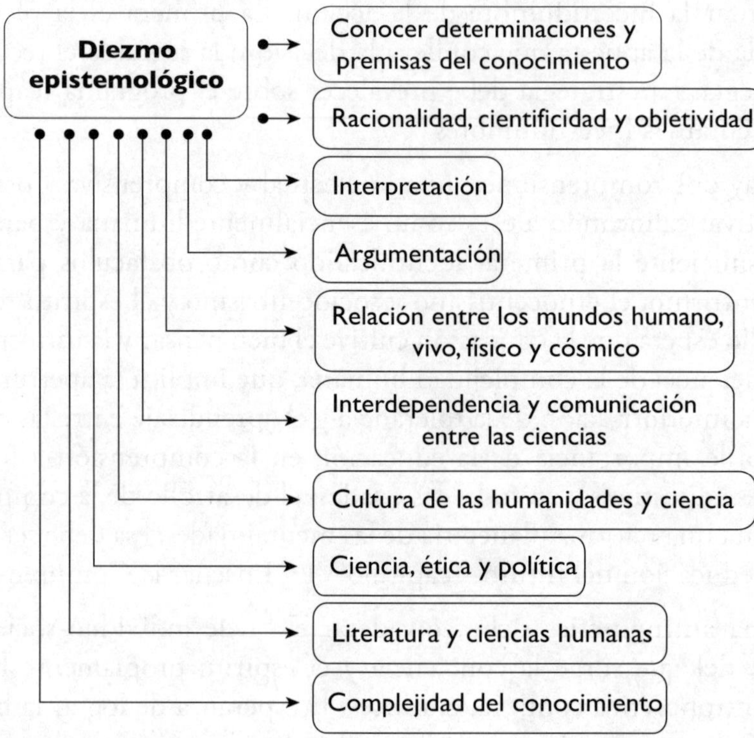

La escuela, como parte de la sociedad, desempeña un papel fundamental y complementario de acuerdo con sus problemas, intereses y necesidades. Esa relación es entonces complementaria entre la parte, la *escuela*, y el todo, la *sociedad*. La relación escuela/sociedad es una relación hologramática y recursiva. Como existe un bucle entre escuela y sociedad, y cada una produce a la otra, cualquier intervención modificadora en uno de estos términos tiende a suscitar una modificación en el otro. Cultura y sociedad mantienen una relación generadora mutua, y en esta relación las interacciones entre individuos son portadores/transmisores de cultura; estas interacciones regeneran a la sociedad, la cual regenera a la cultura.

El encuentro entre educación y ciencia-tecnología implica crear un sistema de educación posmoderno, buscando objetivos y métodos en el futuro, no en el pasado, una dialógica recursiva, contradictoria y ambivalente, entre ciencia y sociedad.

"Los educadores posmodernos no deberán tratar de imponer al estudiante rígidas escalas de valores; pero deberán organizar sistemáticamente actividades formales e informales que ayuden al estudiante a definir, explicar y probar sus valores [...] los cursos de mañana no habrán de componerse únicamente de una gran variedad de asignaturas para el suministro de datos, sino que habrán de dar gran importancia, con vistas al futuro, a las aptitudes de comportamiento (Toffler, 1995, capítulo 40).

La acción pedagógica no puede ser analizada sólo desde el punto de vista instrumental, sin ver las implicaciones de los sujetos –docentes-discentes–comunidad, y las consecuencias que tiene para las subjetividades que intervendrán y se expresarán en las acciones posteriores. Los profesores, como agentes pedagógicos, cuando ejercen como tales, son seres que actúan, y ese papel no puede entenderse al margen de la condición humana, por muy tecnificado que sea el oficio o práctica de saber enseñar.

Los estudiantes, como destinatarios con acciones singulares, aprenden para emprender y ejercer acciones compartidas desde una cierta cultura intersubjetiva generada desde sus propios procesos de formación. La formación, como fenómeno específicamente humano, se compone de acciones educativas emprendidas (Arroyave, 1982).

En la perspectiva del pensamiento complejo, la formación profesional docente implica la constitución de una subjetividad y de una historicidad.

"...Historicidad y subjetividad conforman la realidad como un proyecto de vida social en el que pueden distinguirse dos dimensiones: la totalidad de la sociedad que se desarrolla con su propio ritmo, y su aprobación por parte de los sujetos, lo que se traduce en una cierta direccionalidad del desenvolvimiento de la sociedad (...) El desarrollo de la sociedad consiste no solamente en generar nuevas y mejores condiciones de vida y reproducción del hombre, sino, además, en mayores aperturas que faciliten que lo social pueda enriquecerse de la subjetividad individual y social" (Zemelman, 1997, 57).

El desafío está en lograr una organización que liquide "aquellas condiciones que, en vez de hombres libres, engendran individuos subalternos, una especie de hormigas pensantes (...) lo cual es producto de que toda relación de poder produce subalternidad; lo que termina por generar un sistema de irresponsabilidad organizada" (Bahro, 1981, 33-34).

La constitución de la subjetividad se asume en las siguientes expresiones:

- Un sistema de observables, siendo delimitados, no responde estrictamente a una derivación teórica, en oposición a la idea clásica de indicadores que se apoya, de forma implícita o explícita, en determinados supuestos teóricos.
- La diferencia entre un enfoque teórico y uno que no lo es reside en que el primero requiere de un listado de procesos previamente definidos, en tanto que el segundo, solamente de ciertos universos de observación en cuyo interior se puedan determinar distintos fenómenos o procesos específicos. El primero es normativo, el segundo procesual.
- El enfoque procesual es producente, en tanto que requiere de indicadores que den cuenta del modo en que diferentes esferas de lo real pueden llegar a articularse en su praxis. Los indicadores de proceso, en cambio, se relacionan con el desenvolvimiento de la capacidad de visión de lo real y, por lo mismo, con la conciencia crítica de los sujetos sociales, pues conducen al análisis de una situación concreta en función de la definición de políticas alternativas.
- La subjetividad representa una situación de confluencia de planos de realidad, así como la apertura hacia ámbitos sociohistóricos que se caracterizan por ser inclusivos de otros planos que pueden constituir el contexto particular del sujeto concreto que se tenga interés en estudiar. Estos últimos planos de la realidad pueden estar asociados con otros ritmos temporales y otras escalas espaciales. Por ello, la subjetividad articula diferentes niveles de concreción de la realidad. Puede reconocer distintos planos para manifestarse, tal como pueden serlo los propios de la cotidianidad que se muestra en la situación de vida y de trabajo; o bien, los planos tempo-espaciales, en los que se manifiesta la relación memoria-utopía y el propio sistema de necesidades.

- Parece sugerente trabajar metodológicamente las distinciones temporales hechas por Braudel (1968) y establecer un vínculo con la idea gramsciana de movimiento molecular. El desafío consiste en encontrar un concepto de subjetividad constituyente que no sea operativo por reducciones al plano de las variables psicológicas, como tampoco que se resuelva como simple expresión de procesos macrohistóricos. El sujeto potencial alcanza la capacidad de reconocer opciones y construir proyectos y se transforma en el sujeto actuante.
- El presente puede contener su futuro como deseable, o bien como un posible o un imposible. Lo deseable determina relaciones del presente con el pasado en términos de una versión de lo dado como definitivo o en términos de lo dado como dándose en una dimensión simplemente repetitiva; lo posible determina relaciones del presente con el pasado como simple memoria o como mecanismo de fuerza que potencia el futuro, desplegando lo dado como apertura hacia a lo nuevo (discontinuidades); lo imposible determina relaciones del presente con el pasado como versión, o interpretación, completa y única de lo dado como posible de darse.
- La subjetividad contiene una direccionalidad potencial según la apropiación de la realidad descanse en una u otra dimensión. La necesidad lo es de una situación dada de presente (producto); la experiencia lo es desde el recuerdo de un pasado (causa); y una utopía, desde una articulación presente-futuro (potencialidad); lo micro se concibe como el presente vivido; lo macro se concibe como la línea de pasado-futuro que se percibe como un conjunto de posibilidades. Ésta es la dinámica de la subjetividad como campo problemático.
- La constitución del sujeto representa modos de apropiación de la realidad a partir de la construcción de sentidos, lo que nos remite al problema de reconocimiento de opciones. Uno de los desafíos en la construcción del conocimiento reside en reconocer opciones potenciales, pues la realidad se tiene que concebir como conjunto de posibilidades objetivas susceptibles de potenciarse por medio de proyectos (Zemelman, 1997, 14-105; 126).

La formación de los profesores, en el marco de la complejidad requiere el dominio de competencias que le permitan abordar la educación como un proceso de toda la vida (no sólo de la niñez y la juventud), una formación para que propicien las condiciones para que se desarrollen los educandos en una dimensión comprensiva, en la lógica de Frege, con base en el simbolismo abstracto de la matemática, enriquecida por Russell y Whitehead, en el marco de una nueva manera de pensar a partir de procesos cretivos (Gardner, 1995, 57):

- Métodos en razón de *propiciar la comprensión.*
- Desarrollo de la información, lenguaje, pensamiento y comprensión como elementos constitutivos del proceso cognitivo.
- *Representaciones mentales universales* mediante el lenguaje como sistema cognitivo que tiene sus propias representaciones psicológicas y neurológicas.
- Distintos patrones de inteligencia: lingüística, lógico-matemática, musical, corporal-cinestésica, naturalista, intrapersonal (hacia nosotros mismos), interpersonal (hacia otras personas) y existencial (que nos permite plantear problemas sobre la vida, la muerte y la realidad).
- Conveniencia de que la educación se ocupe del "descubrimiento y la resolución de problemas, la planificación, la creatividad y la comprensión profunda"; y también de las capacidades de "pensar en la propia mente, capacidad metamnemónica, metacognitiva y capacidad de metarrepresentación (funciones cognitivas superiores).
- El hombre no es una máquina, es mucho más que un combinado de sistemas materiales, por lo que no es posible seguir trabajando en la educación con modalidades racionales y técnicas (personalidad, motivación y emoción).
- Impulso a la metacognición (Ibáñez, 1990) mediante la conjunción de la relación entre ciencia y cibernética; el re-nacimiento del sujeto; los sistemas reflexivos; la galaxia complejidad; el azar (determinismo e indeterminismo, estructuras disipativas, bifurcaciones en el tiempo, caos); los sistemas observadores, autopoiesis y teoría de la conversación; la invención de la realidad; las nuevas formas de matematización; y la investigación social de segundo orden.

Capítulo 4.

Formación docente y transdisciplinariedad

4.1 Disciplinariedad

La cosmovisión aristotélica dominó la civilización entre los siglos XII y XVI. El universo era concebido como un todo orgánico, vivo y creativo cuya característica fundamental era la interdependencia de los fenómenos espirituales y naturales. En esa concepción el hombre formaba parte de la naturaleza armónicamente y en plano de igualdad con todos los seres, razón por lo que la tarea de los filósofos era comprender las cosas, no predecirlas, ni controlarlas. Una concepción poética, espiritual, armónica y pletórica de sentido, bella de contemplar y posible de comprender.

Esta concepción cambió radicalmente como consecuencia de la revolución copernicana, y de los aportes de Galileo, Kepler y Newton. La ciencia clásica moderna muestra una imagen mecanicista creada por Descartes y adaptada por Newton, que reemplazó la imagen aristotélica. En el siglo XVIII la ciencia moderna se transformó en la productora de la cosmovisión dominante, mostrando al universo mecánico, manipulable, eficaz, inodoro, incoloro e insípido. Para la ciencia moderna, el hombre es un observador separado en el universo que le es ajeno, quien busca arrancarle sus secretos. Es un universo geométrico, regido por leyes matemáticas y mecánicas, donde no tiene lugar el azar, ni el dolor, ni el deseo; se expulsó la explicación científica de Dios, considerándolo una hipótesis prescindible; la ética, la estética, la metafísica y el alma también fueron expulsadas (Descartes, 1953).

La ciencia moderna ha dado grandes aportaciones a la humanidad, desde los automotores hasta las naves espaciales, los antibióticos y los plásticos; y también aportó las disciplinas. La ciencia disciplinaria es el resultado de una cosmovisión, la del pensamiento cartesiano, disyuntivo y reductivo, del pensamiento simple, instaurado por el gran paradigma de Occidente, y no un problema teórico.

Hay cierto consenso sobre lo que se entiende por disciplina: una forma sistemática de pensar la realidad (conforme a las exigencias del método científico), desde un recorte o fragmentación que se hace de esa realidad. El origen de la palabra disciplina designa un pequeño fuste que servía para autoflagelarse, permitiendo la autocrítica. En un sentido degradado, la disciplina deviene en un medio de castigo para quienes se aventuran en el dominio de las ideas que los especialistas consideran de su propiedad. La disciplina es una categoría organizacional en el seno del conocimiento científico; que instituye la división y la especialización del trabajo y responde a la diversidad de los dominios que recubren las ciencias. En el marco de un conjunto científico más vasto, una disciplina tiende naturalmente a la autonomía, delimitando fronteras, el lenguaje que instituye, las técnicas que elabora y, eventualmente, las teorías que le son propias.

La disciplina, entendida como área cognitiva, implica poner orden, organizar un discurso respecto de un objeto de conocimiento, recortar un área de pertenencia y construir sus métodos de estudio. Este proceso lo realizan los seres humanos en el marco de una cultura y de un espacio tiempo determinado, mediante las comunidades científicas, estableciendo sus formas de comunicación y de validación. Las comunidades imponen y aceptan una tradición cognitiva, un paradigma que les identifica, el que incluye aspectos conceptuales específicos como los valores y la metodología.

Gráfica 4.1 Disciplina

Las concepciones positivistas de la ciencia dividieron el conocimiento en compartimientos, donde cada disciplina se ocupaba solamente de su objeto, sin invadir los objetos de otras disciplinas y sin permitir la subjetividad de los sujetos, que se le consideraba la fuente de todo error y desviación del camino del saber objetivo (verdadero). Esta racionalidad estableció la separación de las esferas del sujeto y del objeto como condición fundante de un modelo de conocimiento como pura abstracción y como reflejo de una realidad estructurada, anterior e independiente de toda experiencia.

Es así que la organización disciplinaria fue instituida en el siglo XIX, particularmente con la formación de las universidades modernas; se desarrolló en el siglo XX con el impulso de la investigación científica; surge de la sociología de las ciencias y de la sociología del conocimiento y persiste hasta nuestros días en su sentido de autonomía, lenguaje y técnicas que elabora o utiliza, eventualmente teorías que le son propias. Instituye la división y especialización del trabajo, en respuesta a la diversidad de los dominios científicos.

La institución disciplinaria entraña el riesgo de hiperespecialización del investigador y un riesgo de cosificación del objeto de estudio, donde se corre el riesgo de olvidar que éste es extraído o construido. El objeto de la disciplina será entonces percibido como una cosa en sí y sus relaciones con otros objetos tratados por otras disciplinas serán excluidos. Es decir, la frontera disciplinaria, su lenguaje y sus conceptos propios van a aislar a la disicplina en relación con las otras y en relación con los problemas que abordan las disciplinas. El espíritu disciplinario prohíbe toda incursión en sus objetos de estudio.

El saber disciplinario necesita una jerarquización del conocimiento y el deslinde de un conocimiento privilegiado por su valor, un conocimiento reconocido como superior a otros conocimientos; y de un sujeto del conocimiento, dotado de razón, una entidad epistemológica universal, que conoce tal cual es, y expresa ese conocimiento de manera universal, excluyéndose a sí mismo del proceso.

En los momentos históricos de estabilidad teórica e institucional, las disciplinas generan la creencia de un avance permanente sobre su objeto de estudio, basada en el consenso generalizado de la comunidad respecto del paradigma y en que no se formulan cuestionamientos que rompan esa estabilidad (Braudel, 1968). En los momentos de crisis, cuando la estabilidad es cuestionada porque no tiene respuesta a nuevos problemas, las creencias sobre el avance lineal se desvanecen y se produce un debate sobre su pertinencia y vigencia.

En la racionalidad del paradigma de la modernidad cartesiana el sujeto objetivo, que no puede dar cuenta de sí mismo porque no podía verse, era una pura racionalidad abstracta. Y su estudio fue asignado a la biología y la medicina, quedando su psiquis excluida durante muchos años porque no podía someterse a la metodología cuantitativa de la ciencia. Hasta que Freud se atrevió a plantear nuevas categorías, incluyendo las de corte literario, artístico, filosófico y religioso, aunque sin salirse plenamente del paradigma positivista. Hasta fines del siglo XIX la teorización del sujeto quedó dividida en un sujeto racional, científico y objetivo y un sujeto emocional, deseante y viviente.

Sin embargo, la historia de las ciencias no es solamente la de la constitución y de la proliferación de las disciplinas, sino también la de la ruptura de las fronteras disciplinarias, de la usurpación de un problema de una disciplina sobre otra, de circulación de conceptos, de formación de disciplinas híbridas que van a terminar por atomizarse; es también la historia de la formación de complejas y diferentes disciplinas que van sumándose y aglutinándose. La historia de la ciencia es la de la disciplinariedad, pero ligada e inseparable, al de la inter-trans-poli-disciplinariedad.

De acuerdo con la evidencia de la dispersión de las galaxias y del descubrimiento de una radiación fósil proveniente de todos los horizontes del universo, se afirma que su inicio fue de naturaleza explosiva (*Big Bang*), a partir del cual se formaron las partículas, que al encontrarse entre sí formaron primero los núcleos y después los átomos, engendrando, por un proceso de agregación, las galaxias y los astros. Esto implica aceptar la idea del nacimiento del espacio, del tiempo y de la materia a partir del no-espacio, del no-tiempo y de la no-materia. El nuevo cosmos se ha formado en el desorden y se ha organizado en una desintegración generalizada, en una dialógica compleja (complementaria, concurrente y antagonista) entre orden–desorden–organización (Morín, 1995).

El universo no puede ser concebido según el único principio soberano de orden, sino en y por los constreñimientos, leyes, aleas que determinan las interacciones entre sus elementos orden–desorden–interacciones –organización. Se trata de un universo autocreador y autoproductor profuso de núcleos, átomos, astros, galaxias; policéntrico, acéntrico, dispersivo; constructor y diversificador de sus propias leyes. Universo que evoluciona en el tiempo y todo lo que le concierne comporta una dimensión histórica.

El nuevo cosmos no obedece a un plan o programa de desarrollo. El orden y la organización de este cosmos se construyen a partir de una cuasi deflagración, en la agitación y la turbulencia, según encuentros aleatorios: unos, colisiones y choques; otros, colusiones y asociaciones físicas que obedecen a leyes gravitacionales, electromagnéticas, nucleares débiles y fuertes. Las entidades se autoorganizan de modo recursivo, según el principio de bucle autoproductor (producto-productor, causa-efecto), y mantienen su integridad y su constancia según el principio de bucle autorregulador. Es desintegrándose como se organiza el cosmos, y es en la carrera hacia la dispersión (no se sabe si irreversible) como se autogenera la complejidad.

El nuevo cosmos es evolutivo. La historia, que al principio sólo era algo propio de las sociedades humanas, llega a ser algo propio de la vida y finalmente de la totalidad del universo físico. Nada de lo que es cósmico, físico, biológico, humano, puede concebirse, comprenderse y explicarse fuera del tiempo, excepto la fuente y origen del universo, donde hay un tipo de realidad profunda donde el espacio y el tiempo pierden su poder de separación y de distinción. Es lo real velado (d´Espagnat, 1985), el orden implicado (Bohm, 1980), el vacío, que crea la crisis de lo real.

La física contemporánea debilita la idea de realidad al relativizar la noción de materia en beneficio de la noción de energía sin sustancia: la partícula aparecía en parte como corpúsculo (material) y en parte como onda (inmaterial); luego, las nuevas entidades de la microfísica, "quarks", "cuerdas" y "supercuerdas", no tienen ya ninguno de los caracteres por lo que se caracterizan los objetos. La "realidad" cuántica está a medio camino entre nuestro tipo de realidad que comporta separaciones/distinciones en el espacio y el tiempo y lo que se puede llamar caos (ausencia de determinación y de distinción).

Este cosmos, plenamente físico, plenamente real y que comporta necesariamente orden, ha perdido sus antiguos fundamentos: ha perdido a Dios, ha perdido el orden perfecto, ha perdido sus infraestructuras físicas, la sustancia de lo real. Este cosmos nace de lo inconcebible, está fundado en lo insondable. Se destruye construyéndose, se construye destruyéndose, lleva consigo la determinación y la indeterminación, la distinción y la indistinción, la realidad y la irrealidad. El nuevo cosmos aporta una incertidumbre fundamental sobre el mundo y sobre el hombre.

En el primer caso no se sabe de dónde y por qué ha surgido, ni se sabe a dónde va. ¿Va hacia la muerte fría, hacia la nada? ¿Va hacia la dispersión indefinida o se reconcentrará para un eterno comienzo? O ¿vamos hacia la migración a otros universos para salvarnos?

En el segundo caso, la incertidumbre afecta al origen de la vida y su sentido. ¿La organización viviente es un acontecimiento inaudito, único en el cosmos? ¿Es el nacimiento de la vida y la evolución biológica un gran proceso de autoorganización y complejificación del universo?

En el inicio del siglo XXI esta concepción del universo permite pensar la producción de subjetividad y su entramado en el imaginario social. El pensamiento sobre el sujeto se visualiza de distintas maneras como productor de subjetividades y objetivaciones, como unidad heterogénea y abierta al intercambio, como organización emergente que sólo adviene como tal en la trama relacional de su sociedad; es un devenir de interacciones, que excede la competencia de un solo grupo disciplinario.

Las disciplinas son justificadas si reconocen y conciben la existencia de relaciones y solidaridades. Son injustificadas si ocultan las realidades globales. Por ejemplo, la noción de hombre está fragmentada en varias disciplinas. La interdependencia de facto de las diversas ciencias es necesaria (Piaget, 1970).

Por esa falta de justificación, las bases del saber disciplinario comenzaron a desestabilizarse desde finales del siglo XIX con la aparición de las geometrías no euclidianas y al inicio del siglo XX con el teorema de Gödel en la matemática, los modelos probabilistas y el principio de indeterminación de la física cuántica, los modelos de autoorganización y autopoiéticos en la físico-química y la biología, y por último, a finales del siglo anterior, la teoría del Caos y los enfoques de la Complejidad en las ciencias y en la epistemología.

4.2 Aportaciones teóricas a la transdisciplinariedad

Desde diversos campos disciplinares surgieron una serie de teorías que permiten aproximaciones a la realidad social, abordándola en toda su complejidad, con un claro énfasis epistemológico: fluctuaciones, iteraciones, borrosidad, turbulencias o torbellinos, catástrofes, fractales, bifurcaciones, atractores extraños, etc. (Munné, 1995, 2). Las concepciones estáticas cedieron ante las evolutivas. La teoría de la evolución darwiniana se impuso en biología y, en el siglo xx, impactó la cosmología con la concepción evolucionista de expansión del universo. Esto cambió radicalmente la cosmovisión de la ciencia moderna.

En el siglo v a. C., Buda planteó las bases de lo que se ha convertido en el pensamiento lógico del mundo oriental, un sistema místico, tolerante de la ambigüedad y vaguedad: el *yin yang* (la cosa y la no cosa, A y no A al mismo tiempo).

Lukasiewicz y Tarski generalizaron la lógica trivalente a toda una gama ordenada de valores indeterminados entre lo verdadero (1) y lo falso (0). La crítica de Lukasiewicz a que las proposiciones contingentes de futuro pueden tomar no sólo dos valores de verdad, como lo establece la lógica aristotélica, sino que nada puede predeterminarse en el futuro, abriendo un camino a la lógica temaria o trivalente, añadiendo el tercer valor: la indeterminación.

El principio de incertidumbre (Heisenberg), que establece que en física no se puede saber simultánemente la posición y la velocidad de una partícula. O velocidad o posición.

Russell redescubrió las paradojas griegas del mentiroso de Creta ("Todos los cretenses son unos mentirosos" ¿Quién mentía?); el montón de arena de Zenón ("¿En qué momento dejamos de tener un montón de arena cuando vamos quitando una a una, cada una de las minúsculas partículas de piedra que lo componen?"); el barbero (El barbero afirma que "afeito a todos los que no se afeitan a sí mismos, y sólo a ellos". Pero

¿quién afeitaba entonces al barbero?); el "conjunto de todos los conjuntos que no son elementos de sí mismo" (plantea la paradójica pregunta de si dicho conjunto pertenece o no a sí mismo); y la lógica polivalente o multivalente.

La teoría de los conjuntos borrosos o difusos (Zadeh, 1983) es una formalización matemática de un modelo lógico de lo impreciso, indeterminado, difuso, borroso, condicionada por una serie de acontecimientos. El concepto de "lógica borrosa" se refiere a un sistema lógico que está dedicado a la formalización de modos de razonamiento que son aproximados y no exactos" Zadeh (1996). Se trata de una teoría de clases con fronteras no nítidas que razona con conjuntos borrosos (*fuzzy sets*).

En realidad los conjuntos no son los borrosos, sino sus elementos, que presentan alguna propiedad sólo en cierto grado ("condición de elemento"), aunque la condición de subconjunto que puede asumir un determinado conjunto incluido en otro puede convertirlo, a su vez, en elemento borroso de este último ("condición de subconjunto"). Con la teoría de los conjuntos borrosos se trata de formalizar en un modelo lógico y matemático lo impreciso, lo difuminado, lo indeterminado, lo difuso. En la vida cotidiana, los conjuntos borrosos son los conceptos que no tienen fronteras nítidamente definidas como alto, gordo, muchos, la mayoría, lentamente, viejo, familiar, rojo, verde, azul, púrpura, etc., sobre los que se tiene una capacidad limitada para resolver y/o almacenar detalles.

Con la aplicación de la lógica borrosa al proceso de conocimiento se consigue una correspondencia más precisa de la realidad, que ofrece un nuevo modo de conocer y construir la realidad, con "operaciones lógicas (que) no responden a la estadística de la probabilidad ni a la frecuencia de un fenómeno, sino que construyen el razonamiento en términos de posibilidad, que son cualitativos… (con) un vasto alcance epistemológico (Munné, 1995, 3).

La lógica borrosa ha sido aplicada prioritariamente al control de sistemas ingenieriles y procesos industriales (sistemas expertos); al estudio de la realidad social, reconociendo que conceptos clave como la cognición, emotividad, inteligencia, grupo, clase social, control social, opinión pública, institución social, etc., son esencialmente borrosos (Escala de Likert, Rejilla de Kelly); y en la lógica computacional (inteligencia artificial), en la disposición de lenguajes y programas borrosos.

En virtud de que la lógica borrosa no puede matematizarse (formalizarse) en el proceso de conocimiento, y está imposibilitada de captar integralmente (holísticamente) su complejo objeto de estudio (en este caso el ser humano), se critica que la lógica borrosa y su forma de abordar y formalizar el conocimiento de la realidad, se plantea con los mismos presupuestos epistemológicos del meta-paradigma analítico-positivista y, en consecuencia, se trataría de un nuevo paradigma teórico alternativo dentro del mismo planteamiento gnoseológico. Esta crítica obliga a reflexionar acerca de la verdadera "alternatividad" de la borrosidad como paradigma epistemológico.

Bertalanffy (1974; 1995) crea la teoría general de sistemas para explicar el comportamiento del organismo como un todo, confluyendo con otros desarrollos paralelos que, desde distintas perspectivas, estaban abordando el paradigma de la complejidad (Wiener, la cibernética; Shanon y Weaver, la teoría de la comunicación; Von Neumann y Morgenstern, la teoría del juego), empleando metodologías no reduccionistas.

La teoría de sistemas establece que "el todo es más que la suma de las partes", aplicable a los seres vivos y al comportamiento individual, familiar o social, a los sistemas de comunicación, incluidos los lenguajes, y en general a todo sistema complejo. Es una teoría transdisciplinaria, dado que remite a características muy generales que comparten sistemas muy diversos, lo que lleva a comprender por qué existen diferentes enfoques de la perspectiva sistémica como la cibernética, la teoría de autómatas, la de la información, la de control, la de conjuntos, la de grafos y redes, la de juegos y decisiones, las matemáticas relacionales, la computación y muchas más.

Esta teoría rompe con el paradigma de la simplicidad y de analiticidad, planteándose problemas relacionados con la complejidad y la iteración, porque se liga a la reflexividad epistemológica y cuestiona la omnipotencia del método analítico, enfocándose a las redes de relaciones más que en los elementos; en los bucles de retroalimentación más que en la causalidad lineal y unidireccional. Se postula que el conocimiento no es algo que esté en las cosas o en nuestra cabeza, el conocimiento es fruto de la interacción sujeto-mundo. El conocimiento no es nunca un proceso abstracto, tampoco un producto, sino algo que ocurre en el espacio entre un sujeto y otros sujetos, entre el sujeto y sí mismo, y en la interacción del sujeto y el mundo. El conocimiento es una interacción entre cognoscente y cognoscendo, que depende de una gran variedad de factores biológicos, psicológicos, culturales, lingüísticos.

Se asiste a un movimiento que va de la ciencia poseedora de un objeto y un método, a los campos conceptuales articulados en prácticas sociales alrededor de situaciones problemáticas. En esta perspectiva lo central de la investigación pasa por los modelos interactivos, irreductibles, complejos, multicausales y no lineales, en sistemas abiertos.

Todos los sistemas se encuentran inmersos en un medio ambiente, que influye en su funcionamiento y su rendimiento. A los sistemas escasamente permeables, que no intercambian o intercambian poca materia o poca energía o información con el entorno, se les conoce como sistemas "cerrados"; y los sistemas mediana o altamente permeables, que presentan alguna o mucha interacción con el medio ambiente se denominan "sistemas abiertos". Se denominan "parcialmente abiertos" si tienen poca interactuación; si son influidos pasivamente por el ambiente se denominan "no adaptativos" y, si reaccionan y se adaptan al entorno se denominan "adaptativos". Si, a pesar de estar en un un entorno cambiante, el sistema mantiene su estado interno, se le denomina "homeostático", lo cual define su tendencia a su supervivencia dinámica. Los sistemas altamente homeostáticos siguen las transformaciones del contexto por medio de ajustes estructurales internos.

En el planeta Tierra, muchos fenómenos parecen caóticos, aunque, en realidad, tienen reglas estrictas pero difíciles de desentrañar. Su estructura es muy compleja, con muchas variables implicadas, de modo que parece imposible formular una predicción a un futuro siquiera relativamente cercano. Tal es el caso de los sistemas complejos, que se caracterizan esencialmente porque su comportamiento es imprevisible.

Un sistema complejo está compuesto por una gran cantidad de elementos relativamente idénticos (número de células en un organismo; personas en una sociedad), la interacción entre sus elementos es local y origina un comportamiento emergente que no puede explicarse a partir de sus elementos tomados individualmente (abejas en un enjambre), y es difícil predecir su evolución dinámica futura (no puede vaticinarse lo que ocurrirá más allá de un cierto horizonte temporal). En la naturaleza hay muchos sistemas complejos: en la física, neurología, economía, biología molecular, sociología y matemáticas, en los que pueden identificarse conductas dinámicas genéricas como las leyes de crecimiento, la autoorganización y los procesos colectivos emergentes (células, cerebro, organismo, computadora, ecosistema, sociedad de insectos, sistema inmunológico, economía de mercado).

La mayoría de los sistemas complejos son inestables, se mantienen delicadamente equilibrados, dado que cualquier variación mínima entre sus elementos componentes puede modificar, de modo imprevisible, las interacciones y el comportamiento de todo el sistema, lo cual implica que su evolución es intermitente o fluctuante, alternándose orden y desorden, por lo que sus estados evolutivos no transcurren a través de procesos continuos y graduales, sino mediante reorganizaciones y saltos. Los sistemas complejos nunca llegan a un óptimo global (estado de mínima energía), sino crecen progresivamente hasta llegar al límite de su desarrollo potencial, en el cual sufren un desorden que rompe el orden preexistente surgiendo, posteriormente, regularidades que organizan al sistema de acuerdo con nuevas leyes, produciendo otra clase de desarrollo. Esto significa que la organización de los sistemas complejos se produce en diferentes niveles, donde las leyes que gobiernan un nivel pueden ser totalmente diferentes en otro nivel.

El orden y el desorden se necesitan mutuamente, son conceptos antagónicos y, al mismo tiempo, complementarios: un organismo puede seguir viviendo a causa de la muerte de sus células. La autoorganización se produce cuando la transformación se logra sin la intervención de factores externos y constituye la esencia de cualquier sistema complejo, mediante el que recupera el equilibrio, modificándose y adaptándose al entorno que le rodea. Los sistemas autoorganizados se mantienen dentro de un estrecho dominio que oscila entre el orden inmutable y el desorden total, entre la constancia rígida y la turbulencia anárquica ("borde del caos").

Durante 300 años la física se basó en sistemas lineales. El nombre lineal se refiere a que si se pone una ecuación de este tipo en un gráfico, lo que se tiene es una línea continua. De hecho, gran parte de la naturaleza parece funcionar de esta manera.

Cuando se estudia en física materias como mecánica clásica, se encuentra una ecuación ($X = Xo + Vo\ t + ½\ A\ T2$), de la que resulta la posición de un objeto que viaja a una velocidad determinada en un tiempo y con una aceleración dada; o como la segunda ley de Newton ($F = m\ a$) que muestra que el valor de la sumatoria de todas las fuerzas es igual a la masa multiplicada por la aceleración. En estos ejemplos de matemática tradicional, se establece que cuando son conocidas las condiciones iniciales, se puede saber con exactitud cómo se va a comportar un cuerpo o un sistema a lo largo del tiempo: si se conoce dónde se encuentra un cuerpo, a qué velocidad se mueve, qué aceleración posee y en qué trayectoria se desliza, se puede saber sin problema alguno dónde va a estar y qué características tendrá su movimiento en un tiempo que se elija, sin diferenciar al pasado del futuro.

En los sistemas naturales y mecánicos reales se puede ejemplificar: en la naturaleza existen sistemas que se asemejan al comportamiento mecánico de un reloj. Ello implica que planteando una serie de condiciones iniciales se puede saber cómo ese mismo sistema se va a comportar más adelante o cómo se comportó en el pasado, de manera "casi" exacta (predicción de eclipses solares cientos de años antes de que ocurra, con asombrosa certidumbre).

Sin embargo, gran parte de la naturaleza no funciona de manera lineal, y no puede ser entendida con base en sistemas lineales. El cerebro, ciertamente, no funciona de manera lineal, ni tampoco la economía, con su ciclo caótico de auges y recesiones. Una ecuación no-lineal no se expresa en una línea continua, sino que toma en cuenta el carácter irregular, contradictorio y frecuentemente caótico de la realidad. "Todo esto me hace sentirme bastante descontento con los astrónomos que nos dicen que tienen los orígenes del universo bastante bien controlados, excepto el primer milisegundo más o menos del *big bang*, pues los sistemas simples no poseen necesariamente propiedades dinámicas simples" (Steward, 1991).

La teoría del caos desacredita la metodología "lineal" y elabora nuevas matemáticas "no-lineales", que están más de acuerdo con la realidad turbulenta de la naturaleza en cambio constante. Una definición de diccionario de caos puede sugerir desorden, confusión, casualidad, o accidentalidad: movimiento azaroso sin propósito, objetivo o principio. ¿Cuáles son las características principales de los sistemas caóticos?

El primer experimentador del caos fue el meteorólogo Edward Lorenz, quien estaba trabajando en el problema de la predicción del tiempo. Tenía en su computadora un programa con un conjunto de 12 ecuaciones para modelar el clima y predecir qué tiempo podría hacer. Un día (1961) quería ver una secuencia en particular de nuevo y, para ganar tiempo, comenzó a mitad de la secuencia introduciendo los números de su copia impresa y lo dejó ejecutando. Una hora más tarde, la secuencia había evolucionado y, en lugar de obtener el mismo patrón de antes, divergía finalizando de forma distinta. La computadora almacenó seis decimales en su memoria y solamente imprimió tres (0.506), a pesar de que la secuencia original era 0.506127, lo que permitió a Lorenz establecer la imposibilidad de predecir el clima en forma precisa.

Al efecto logrado por Lorenz se le conoció como mariposa: "El batir de las alas de una simple mariposa hoy produce un minúsculo cambio en el estado de la atmósfera. Durante un periodo de tiempo, la atmósfera en efecto divergería de que habría hecho. Por tanto, en el tiempo de un mes, un tornado que habría devastado la costa de Indonesia no tuvo lugar. O puede que si no fuese a suceder, lo hiciera" (Stewart, 1991, 141).

El efecto mariposa es conocido como dependencia sensible de las condiciones iniciales: sólo un pequeño cambio en las condiciones iniciales puede cambiar drásticamente el comportamiento a largo plazo de un sistema. Esta pequeña diferencia en la medida podría ser considerada como ruido experimental, ruido de fondo o una inexactitud en el equipo, que son imposibles de eliminar. Un ejemplo es el lanzamiento al aire de una moneda que implica dos variables: el tiempo que tarda en golpear el suelo y la velocidad a que es lanzada, en la práctica imposible de controlarlas, lo que impide conocer el resultado final. Esto significa que en un sistema complejo, no-lineal, un pequeño cambio en los valores de partida puede provocar un cambio enorme en los valores finales. La conclusión es que, dada la complejidad de las fuerzas y procesos que determinan la meteorología, no se puede predecir con precisión más allá de un determinado periodo de tiempo.

El mayor ordenador meteorológico del mundo, en el Centro Europeo de Predicción Meteorológica a media escala, realiza 400 millones de cálculos por segundo. Se le suministran 100 millones de mediciones meteorológicas diferentes de todo el mundo cada día, y procesa información en tres horas de funcionamiento continuo, para crear una previsión a diez días vista. Sin embargo, más allá de dos o tres días sus predicciones son especulativas, y más allá de seis o siete son inservibles.

La teoría del caos por tanto, pone límites bien precisos a la predictibilidad de los sistemas complejos no-lineales. Algunos físicos interpretan el caos como ciencia del proceso antes que del estado, del devenir antes que del ser. Newman reconoció que un complicado sistema dinámico podía albergar puntos de inestabilidad, puntos críticos, en que un débil empujón llegaría a tener amplias consecuencias, como, por ejemplo, el propinado a una pelota balanceada en la cima de un monte (Gleick, 1988).

La teoría del caos concibe al tiempo como irreversible (Flecha del Tiempo - Prigonine), es decir, que ningún sistema jamás puede volver hacia atrás, siempre apunta al futuro.

Los sistemas caóticos son aquellos que se encuentran afectados directamente por sus condiciones iniciales, transformándolos en el transcurso del tiempo en sistemas imposibles de predecir. Es el caso de los fenómenos metereológicos, que no pueden predecirse exactamente, el sube y baja de las acciones en la bolsa de comercio, lo que sucederá dentro de miles años por el segundo que tardó la Tierra en girar alrededor del Sol, hace una década. Para la teoría del caos, no existen sistemas totalmente ordenados ni totalmente caóticos. El orden y el caos están relacionados en una dualidad: en todo sistema ordenado, el caos siempre está presente o implícito; en todo sistema caótico, el orden siempre está presente o implícito. Por más que un sistema haya derivado en caos, o que se haya vuelto ordenado y estable, potencialmente vuelve a pasar lo inverso.

Durante el siglo XIX, la ciencia llegó a un triunfalismo determinista. Se creía que la física estaba a punto de cerrarse, dado que casi todo se había concluido, al pensar que la ciencia era capaz de predecirlo todo, aunque ninguna otra ciencia estuviera en las mismas condiciones; pretendiendo que las leyes físicas fundamentales del universo eran aplicables a la química, la biología, la psicología, a pesar de que sus objetos de estudio presentan mayor complejidad: "El estado presente del sistema de la naturaleza es evidentemente una consecuencia de lo que fue en el momento precedente, y si concebimos una inteligencia tal que a un instante dado conociera todas las fuerzas que animan la naturaleza y las posiciones de los seres que las forman, podría condensar en una única fórmula el movimiento de los objetos más grandes del universo y de los átomos más ligeros: nada sería incierto para dicho ser; y tanto el futuro como el pasado estarían presentes ante sus ojos" (Laplace, citado por Woods y Grant, 1995).

Sin embargo, en la física del siglo XIX aparecieron algunos problemas que parecían no encontrar solución en el marco científico existente: "el problema del éter" y la "catástrofe ultravioleta", problemas que llevaron a una revolución en la física que desembocó en la teoría de la relatividad, que aplica a lo muy grande, del tamaño del sol o mayor o la velocidad cercana a la de la luz, y que sostenía que el tiempo es relativo; y la mecánica cuántica, que se ocupa de lo muy pequeño, del tamaño menor que el átomo, que afirma la existencia de partículas virtuales llenando el universo.

Un sistema es determinístico cuando su comportamiento es bastante predecible, determinado, cuando parece seguir ciertas reglas y es probabilístico o estocástico, cuando no hay certeza de su estado futuro, sólo una probabilidad, cuando aparece un orden estadístico. Cuando un sistema dinámico no lineal se comporta, en ciertas condiciones, de forma tan compleja que parecen probabilísticos, pero en realidad son determinísticos, es decir, a nivel local son muy simples y a nivel global pueden tener comportamientos inesperados, no predecibles, se trata de un "sistema cáotico". Los sistemas caóticos se caracterizan en que dependen sensiblemente de las condiciones iniciales. Cualquier cambio, por insignificante que parezca, se propaga y amplifica exponencialmente a lo largo del sistema y es capaz de desencadenar en el futuro un comportamiento totalmente diferente o una imprevista catástrofe. Configuraciones iniciales casi idénticas, sometidas a influencias externas casi iguales, acaban transformándose en configuraciones absolutamente distintas, por lo cual no pueden hacerse predicciones del estado final de los sistemas complejos.

El caos, aunque parece evolucionar de manera aleatoria y errática, es un desorden aparente que tiene un cierto orden subyacente, que aunque parece impredecible, también es determinable. El estado futuro de un sistema caótico está determinado por su estado actual y obedece estrictas leyes naturales de evolución dinámica, aunque dada su irregularidad jamás repiten su comportamiento pasado, ni siquiera de manera aproximada (ecuaciones metereológicas, variaciones climáticas, dinámica atmosférica, fluidos en régimen turbulento, reacciones químicas, propagación de enfermedades infecciosas, procesos metabólicos de las células, mercado financiero mundial, movilidad de grupos animales –cardúmenes y enjambres–, aparición aperiódica de epidemias, arritmia del corazón, red neuronal del cerebro humano).

Los sistemas caóticos se caracterizan por su flexibilidad y adaptación –su estabilidad–. Su autoorganización les permite saltar espontánea y recurrentemente desde un estado hacia otro de mayor complejidad y organización, y enfrentar las condiciones cambiantes del entorno, controlando su evolución con ínfimas correcciones. La teoría del caos aporta un nuevo enfoque a la complejidad, que es la característica común de la inmensa mayoría de los problemas de la ciencia. El caos no es un desorden simplemente, sino un orden diferente, que debe entenderse de otro modo. Muchas variables no necesariamente han de generar un comportamiento tan complicado que parezca el azar. Muchas veces, de sus interacciones emerge un orden diferente (de la interacción de los muchos seres humanos puede surgir una sociedad, con un orden evidente. La teoría puede aplicarse a toda ciencia (Balandier, 1994).

En un principio la teoría del caos se aplicaba al análisis de circuitos electrónicos, encontrando resultados que demostraban la posibilidad de sincronizar dos sistemas caóticos, siempre y cuando fueran excitados por la misma señal, independientemente del estado actual de cada sistema, dado que al perturbar adecuadamente un sistema caótico, se le está forzando a tomar uno de los muchos comportamientos posibles. Sin sincronismo, dos sistemas caóticos virtualmente idénticos, evolucionarán hacia estados finales distintos. Posteriormente se aplicó al análisis de las oscilaciones de reacciones químicas y al seguimiento del latido cardiaco. En los últimos años, la biología se ha hecho cargo de un nuevo tipo de procesos, modelizando comportamientos enzimáticos, dado que los sistemas naturales son en su mayoría no lineales, y el caos constituye un comportamiento no lineal.

Los sistemas caóticos son deterministas. Hay algo que determina su comportamiento. Son muy sensitivos a sus condiciones iniciales. Aprender a vivir en el caos no significa aprender a controlarlo, ni a predecirlo. Nosotros formamos parte del caos y debemos aprender a vivir de la creatividad del caos. Si logramos formar parte del sistema, desaparece el concepto de sujeto y objeto, y con ello desaparece el concepto de control. El cuerpo humano es un sistema caótico. Es imposible predecir el recorrido que una partícula cualquiera tendrá dentro del cuerpo. La medicina no puede hacer una predicción acerca de la evolución del cuerpo de un determinado individuo. Sin embargo, a pesar de las diferentes condiciones externas a que está expuesto (clima, alimento, esfuerzo físico, etc.), siempre mantiene una forma general. Es tan resistente a los cambios porque los sistemas caóticos son muy flexibles.

Los fractales son los objetos matemáticos que constituyen la geometría de la teoría del caos, aunque no todos los fractales son caóticos. Los fractales fueron creados antes de haberse desarrollado formalmente la geometría fractal y la teoría del caos. En los años 1400 se hallaron grabados japoneses con estas estructuras. Antes de que Newton y Leibniz crearan en el siglo XVII lo que hoy se conoce como cálculo, análisis matemático o cálculo infinitesimal, se conocían algunas funciones con enormes irregularidades y discontinuidades, que raramente surgían en sistemas naturales, razón por la que se consideraron excepciones a la matemática tradicional y, simplemente se dejaban de lado o se realizaban aproximaciones mediante redondeos.

Sin embargo, en la naturaleza se dan con mucha frecuencia fenómenos de irregularidades, como lo demostraron Cantor (Conjunto de Cantor) y Koch (Curva de copo de nieve). En 1958 Benoit Mandelbrote, mientras realizaba análisis de ruido y perturbaciones eléctricas, encontró un patrón en su comportamiento, por lo que comenzó a descifrar una estructura escondida, la cual no podía describirse con exactitud por la matemática estadística existente. Al imaginar la existencia de otros sistemas con patrones semejantes se hizo la famosa pregunta ¿Cúanto mide realmente la superficie de Inglaterra?

No es lo mismo si se miden las costas desde un satélite: los bordes se verán suaves, armónicos, con líneas casi rectas y ángulos prácticamente redondeados; que si se miden desde un avión a menor altura que el satélite: se verá con más detalle, los bordes no serán tan suaves, sino con muchas rugosidades; y si se mide sobre las costas mismas, midiendo roca por roca, rugosidad por rugosidad, detalle por detalle, se tendrán resultados diferentes y el de mayor extensión será el último, acercándose a infinito en el marco teórico.

La realidad y la geometría tradicional demuestran que figuras con bordes rectos o redondeados tienen una longitud menor que otra equivalente pero llena de rugosidades. La concepción de un fractal es muy abstracta, dado su empleo como herramienta multidisciplinaria: son los objetos matemáticos que confirman la geometría de la teoría del caos; es conocida como la "Geometría de la Naturaleza"; la palabra fractal proviene del latín y significa roto, quebrado, palabras asociadas a las discontinuidades de funciones matemáticas; es un nuevo lenguaje. Los puntos, rectas, esferas, elipses y demás objetos de la geometría tradicional son reemplazados por algoritmos iterativos computacionales que permiten describir sistemas naturales caóticos y dinámicos; los fractales son objetos cuya dimensión es no entera o fraccionaria.

La imagen fractal más famosa y una de las más simples es el conjunto de Mandelbrote ($Z = z^2 + c$), donde un número complejo (z) es elevado al cuadrado y se suma al número original; luego se eleva el resultado al cuadrado y se suma al número original; y así hasta el infinito. Si los números que se obtienen tienden a infinito, no es parte del conjunto de Mandelbrot, pero si se mantienen por debajo de un cierto nivel, son parte del conjunto, caracterizándose porque los montículos circulares encajan con el gráfico de bifurcación, apareciendo como una réplica exacta del conjunto, perfecto en cada detalle.

Un objeto fractal es aquel que su dimensión fractal de Hausdorff-Besicovich supera a su dimensión topológica, aquel que posee dos características: autosimilitud y dimensión fractal. La autosimilitud consiste en que cada porción de un objeto tiene las mismas características del objeto completo. Cada área de un fractal conserva, de manera estadísticamente similar, sus características globales. La autosimilitud tiene cuatro propiedades: fractales lineales, aquellos que se construyen con un simple cambio en la variación de sus escalas, que los hace idénticos en todas sus escalas hasta el infinito; y fractales no lineales, aquellos que se generan a partir de distorsiones complejas o justamente distorsiones no lineales, que son la mayoría de los objetos fractales puramente matemáticos y naturales.

Los fractales pueden ser generados a partir de elementos de la matemática tradicional (fractales lineales), o mediante números complejos, como en el caso del conjunto de Mandelbrote. Las iteraciones consisten en repetir y volver sobre sí mismo una cierta cantidad de veces. En el caso de los fractales lo que se itera son fórmulas o ecuaciones (conjunto de Mandelbrote). La reiteración se hace por algoritmos.

La dimensión fractal es el concepto más importante, porque no corresponde a la geometría euclidiana. La dimensión fractal debería ser: 1) No entera y 2) Su dimensión de Hausdorff debe superar su dimensión topológica. Hay fractales que poseen dimensión entera: no cumplen con el punto 1, pero sí cumplen con el punto 2, lo que finalmente implica que la dimensión final es mayor a su dimensión topológica. Como están compuestos por elementos cada vez más pequeños de sí mismo (autosimilitud), el concepto de longitud pasa a ser algo muy complejo y hasta casi sin sentido; de esta manera el concepto de dimensión comienza a jugar un papel fundamental. No debe preguntarse cuánto mide un fractal, sino cuál es su dimensión.

La dimensión está directamente ligada con los grados de libertad. Cuando la dimensión es 0, sólo podrá existir ahí un punto inmóvil, y sin límites. Si es 1, se tiene una recta y un grado de libertad para moverse de izquierda a derecha. En la dimensión 2 tenemos un plano con dos grados de libertad, para movernos de izquierda a derecha nuevamente y de arriba hacia abajo y en diagonales. Si la dimensión es 3, se agrega a la situación anterior un tercer grado de libertad que es la profundidad.

La dimensión fractal es distinta de las cuatro dimensiones topológicas que se trabajan en la matemática tradicional (0 = un punto, 1 = una línea recta, 2 = un plano, 3 = el espacio y -1 = conjunto vacío). La dimensión fractal es un conjunto de estructuras irregulares y complejas descritas por medio de algoritmos matemáticos y computacionales, los cuales reemplazan a los puntos, rectas, circunferencias y demás provenientes de la matemática tradicional; objetos que tienen como característica fundamental las propiedades de autosimilitud y la de convivir en extraños paisajes formados por dimensiones fraccionarias.

La geometría fractal se está aplicando a estudios de medicina (cardiología y neurología = lucha entre orden y desorden), economía (estudios bursátiles), psicología, sociología, biología, computación (algoritmos no lineales para criptografía), matemática, física y química (reformulación de teorías); turbulencias en el aire y el agua, ramificaciones, redes neuronales, ríos, propagación de poblaciones y enfermedades, estructuras montañosas y vegetales.

En 1925 nació la mecánica cuántica que formuló cuestionamientos sobre ¿De qué está hecha la materia? ¿Qué la mantiene unida? ¿Por qué aparece en una infinita variedad de formas, tales como gases, metales, piedras, líquidos, cristales, cerámicas, vidrios, meteoritos, estrellas y así sucesivamente?, que superó ideas sobre la materia arraigadas desde la época de la civilización griega, dando la primera formulación global con la cual desvelar los secretos del átomo: el mundo subatómico. Schrödinger (1986), Heisenberg (1987) y otros desarrollaron una descripción matemática casi completa del átomo de hidrógeno, eclipsando la teoría geométrica del universo de Einstein (1984).

El desarrollo de la física cuántica representa una ruptura decisiva con el viejo determinismo mecanicista cosificado de la física clásica. Se tiene una visión más flexible y dinámica de la naturaleza. El descubrimiento de la existencia del *quantum* por Plank, transformó la faz de la física. Es una nueva ciencia que explica el fenómeno de la transformación radioactiva y analiza detalladamente los complejos datos suministrados por el espectroscopio. Ha llevado al establecimiento de una nueva ciencia química teórica, capaz de resolver problemas previamente insolubles. La nueva física reveló las sorprendentes fuerzas que encierra el núcleo atómico, llevando directamente a la explotación de la energía nuclear, el camino para la destrucción potencial de la vida en la tierra, o hacia la abundancia y el progreso social sin límites mediante la utilización pacífica de la fusión nuclear.

La teoría de la relatividad explica que la masa y la energía son equivalentes. Si se conoce la masa de un objeto y se multiplica por el cuadrado de la velocidad de la luz se convierte en energía, demostrando que la luz, hasta entonces concebida como onda, se comportaba como una partícula. Es decir, la luz es sólo otra forma de la materia. De Broglie (citado por Kaku, 2007) planteó que la luz, que se creía que estaba formada por partículas, participa de la naturaleza de las ondas, aboliendo para siempre la división entre materia y energía. Materia y energía es lo mismo.

La mecánica cuántica plantea que las partículas subatómicas pueden comportarse, y se comportan, como partículas y como ondas. Al igual que una onda, la luz produce interferencias, pero un fotón de luz también rebota de todo electrón, igual que una partícula, lo cual se opone a las leyes de la lógica formal. Las leyes de la mecánica cuántica no concuerdan con la lógica formal. Las leyes de la física clásica en general no se pueden aplicar a los procesos a nivel subatómico. La imagen cuántica del cosmos se explica básicamente por:

La función de onda. La realidad cuántica responde a un modo de ser que se expresa en el principio de dualidad corpúsculo-onda. Un sistema cuántico (una partícula, un estado) queda descrito por la ecuación o función de onda (Schrödinger, 1986) cuyo valor *Psi* depende de la posición en el espacio y en el tiempo, y de otras variables y magnitudes. La función de onda es una expresión matemática que describe en general el sistema cuántico (como la ecuación de la recta describe en general todos los puntos que pertenecen a una recta). Si se fija en un valor posible "m" de una magnitud de M de la función de onda, entonces la forma que toma la función (*Psi*) para ese valor "m" se conoce como función propia para el valor "m" (o *Psim*).

Superposición de estados. El estado microfísico de un sistema cuántico descrito por su función de onda puede coincidir con una multitud de estados propios de esa función (cuando se concretiza en un valor u otro de sus magnitudes). El principio de dualidad corpúsculo-onda establece que el sistema cuántico puede comportarse como una onda o como una partícula. En general establece que los sistemas cuánticos presentan "superposiciones de estados" y, por consiguiente, la función de onda está compuesta por una variedad de estados posibles, ninguno de los cuales se ha realizado, y es igual a la suma (superposición) de los estados propios. Así, la partícula (un electrón, por ejemplo) está en todas sus posibles ubicaciones dadas por la función de onda y no está en ninguna;

tiene sus posibles localizaciones superpuestas. El valor de *Psi*^{2} representa la probabilidad de encontrar la partícula en unos determinados valores espacio-temporales dentro de la función de onda.

Colapso de la función de onda y medida. La expresión mecano-cuántica "colapso de la función de onda" se usa para decir que un estado cuántico de superposición (de indeterminación en cuanto a un cúmulo de posibilidades) queda concretado a una de ellas: el tránsito desde la superposición a la concreción de un valor preciso es el colapso. Así, la onda que está superpuesta en relación con un abanico de localizaciones posibles como partícula, se colapsa en una de ellas cuando lo hace en un punto. Este colapso es el que se produce cuando sobre el sistema cuántico se realiza una medida por una estrategia invasiva dirigida desde el mundo macroscópico (el observador). Solamente en el proceso de medición se produce el colapso.

Relaciones de incertidumbre. Las magnitudes y variables del mundo cuántico están afectadas por las llamadas relaciones de incertidumbre que se derivan de la misma naturaleza de la medida y de los estados de superposición. Es imposible medir con precisión, al mismo tiempo, dos variables de un sistema cuántico: la posición y la velocidad (o el momento) de una partícula (principio de incertidumbre de Heisenberg). La medida de una variable produce un efecto de incertidumbre en el valor de la otra. Si nos movemos en una interpretación "natural" del colapso, probablemente no sólo las medidas experimentales sino las relaciones de los sistemas cuánticos con los sistemas macroscópicos del entorno (e incluso probablemente del efecto de unos sistemas cuánticos sobre otros) producen constantemente en la naturaleza "efectos de incertidumbre" en esos sistemas.

Indeterminación y probabilidad. El mundo cuántico está indeterminado: no es posible predecir (en función de un conjunto de causas precedentes) qué valores de la medida producidos por el colapso van a hacerse realidad. Las interacciones de los sistemas cuánticos entre sí y de estos con los macroscópicos crea continuamente multitud de incertidumbres en la evolución del universo. En este sentido la evolución del mundo no refleja una partitura preestablecida, sino que es "creativa", al elegir continuamente unos valores precisos de entre un conjunto de posibilidades superpuestas que nunca llegarán a ser realidad. La mecánica cuántica describe siempre la evolución de los sistemas cuánticos por medio de conceptos y de fórmulas probabilísticas.

Indiscernibilidad de partículas idénticas. La ontología cuántica no permite considerar que dos partículas idénticas sean indiscernibles en el espacio. Tampoco permite decir que una partícula se mantenga siendo "la misma" en el tiempo (por ejemplo, un electrón en un orbital atómico).

Teoría de los muchos mundos (Everett). Atribuye realidad o existencia paralela a cada uno de los itinerarios cuánticos posibles (abiertos por las infinitas posibilidades en superposición y a su compleja combinatoria).

En casi todos los sentidos la teoría cuántica es lo contario de la teoría de Einstein, dado que la teoría de la relatividad es una teoría del cosmos, una teoría de las estrellas y las galaxias que se mantienen unidas en el tejido continuo del espacio y el tiempo, mientras que la teoría cuántica es una teoría del microcosmos, donde las partículas subatómicas se mantienen unidas por fuerzas de tipo partícula, danzando en el escenario estéril del espacio-tiempo que se considera una arena vacía, desprovista de cualquier contenido. De esta manera se trata de dos teorías antagónicas.

La teoría cuántica da un marco global en el que describe el universo visible. El universo material consiste en átomos y sus constituyentes. Existen alrededor de 100 tipos diferentes de átomos o elementos, a partir de los cuales se puede construir todas las formas conocidas de materia encontradas en la Tierra e incluso en el espacio exterior. Los átomos, a su vez, constan de electrones que giran alrededor de los núcleos, que están compuestos de neutrones y protones.

Las diferencias entre la teoría geométrica de Einstein y la teoría cuántica se resumen en:

1. Las fuerzas son creadas por el intercambio de paquetes discretos de energía denominados *cuantos.* En contraste con la imagen geométrica de Einstein para una *fuerza,* en la teoría cuántica la luz se divide en fragmentos minúsculos. Estos paquetes de luz fueron llamados *fotones,* y se comportan de forma muy parecida a partículas puntuales. Cuando dos electrones chocan, se repelen mutuamente no a causa de la curvatura del espacio, sino debido a que intercambian un paquete de energía, el *fotón*.

La energía de los fotones se mide en unidades de la *constante de Planck (h – 10 -27 ergios por segundo).* El tamaño casi infinitesimal de la constante de Planck significa que la teoría cuántica da correcciones minúsculas a las leyes de Newton, las cuales no tienen importancia en el mundo macroscópico, pero en el mundo subatómico microcóspico, estas correcciones comienzan a dominar cualquier proceso físico.

2. Las diferentes fuerzas son causadas por el intercambio de diferentes cuantos. La fuerza débil, por ejemplo, es causada por el intercambio de un tipo diferente de cuanto (partículas W – débiles o *bosones*). La fuerza fuerte, que mantiene unidos los protones y neutrones dentro del núcleo del átomo, es causada por el intercambio de partículas subatómicas llamadas *mesones*. Para las interacciones débiles, el correspondiente cuántico es la partícula W, que puede tener carga +1, 0, y –1. Para las interacciones fuertes, el correspondiente cuántico al campo de Yang-Mills, el "pegamento" que mantiene unidos los ptotones y los neutrones fue bautizado como "gluón". El campo del gluón es tan intenso y liga los quarks tan estrechamente que nunca pueden ser separados uno del otro (campo de Yang-Mills). Este *principio unificador* une las leyes de tres de las cuatro fuerzas: electromagnetismo, la fuerza débil y la fuerza fuerte, excluyendo la gravedad, unificando sin geometría. El campo de Yang-Mills (1954) es una generalización del campo de Maxwell (década de 1960), introducido un siglo antes para describir la luz, con la salvedad de que el campo de Yang-Mills tiene muchos más componentes y puede tener carga eléctrica (el fotón no lleva carga eléctrica).

3. Nunca podemos conocer simultáneamente la velocidad y la posición de una partícula subatómica. El principio de incertidumbre (Heisenberg, 1987), significa que nunca podemos estar seguros de dónde está un electrón o cuál es su velocidad; lo único que podemos hacer es calcular la probabilidad de que el electrón aparezca en un cierto lugar con una cierta velocidad. Aunque el electrón es una partícula puntual, está acompañada de una onda que obedece a una ecuación bien definida (ecuación de onda de Schrödinger): cuanto mayor es la onda, mayor es la probabilidad de encontrar el electrón en dicho punto. De este modo, la teoría cuántica une los conceptos de partícula y de onda: los objetos físicos fundamentales de la naturaleza

son partículas, pero la probabilidad de encontrar una partícula en cada lugar determinado del espacio y del tiempo está dada por una onda de probabilidad. Esto reemplaza la visión sobre las leyes del movimiento de Newton.

4. Existe una probabilidad finita de que las partículas puedan "tunelear" o hacer un salto cuántico a través de barreras impenetrables. El efecto túnel o saltos cuánticos a través de barreras, ha sobrevivido a cualquier desafío experimental. La función de onda de ciertos electrones puede atravesar barreras, como ocurre con la música estereofónica (ritmos de billones de electrones), la electrónica (televisores, computadoras, radios). Según Maxwell, los electrones que giran en un átomo deberían perder su energía en un microsegundo y precipitarse en el núcleo; sin embargo, la teoría cuántica impide este colapso, permitiendo nuestra existencia, lo cual es una prueba viviente de la corrección de la mecánica cuántica.
5. El campo de Yang-Mills es una teoría perfectamente definida de interacciones entre partículas, aplicable a las interacciones fuertes, lo que podía desvelar el secreto que mantiene unida la materia, no la geometría de Einstein, posibilitando una teoría global de toda la materia. Es el modelo estándar, que puede explicar cada fragmento de datos experimentales relativos a partículas subatómicas, hasta una energía de alrededor de un billón de electronvoltios (la energía creada al acelerar un electrón por un billón de voltios).

El modelo estándar afirma que los protones, neutrones y otras partículas pesadas no son partículas fundamentales en absoluto, sino que constan de algunas partículas aún más minúsculas (*quarks*), que a su vez, se presentan en una amplia variedad: tres "colores" y seis "sabores". Existen también las réplicas en antimateria de los quarks (*antiquarks*). La antimateria es idéntica a la materia en todos los aspectos, excepto que las cargas están invertidas y se aniquila al contacto con la materia ordinaria.

En el modelo estándar, la fuerza débil gobierna las propiedades de los *leptones*, tales como el *electrón*, el *muón* y el *mesón tau*, y sus *neutrinos* asociados. Al igual que las otras fuerzas, los leptones interaccionan intercambiando *cuantos* (*bosones W y Z)* que, a diferencia de la fuerza gluónica, la fuerza generada por el intercambio de los bosones W y Z es demasiado débil para mantener los leptones en una resonancia, de modo que no vemos un número infinito de leptones emergiendo de los colisionadores de átomos.

El modelo estándar incluye la teoría de Maxwell en interacción con las otras partículas. La parte que gobierna la interacción de electrones y luz se denomina electrodinámica cuántica (QED), cuya corrección ha sido verificada experimentalmente dentro de un margen de una parte en 10 millones, haciéndola técnicamente la teoría más precisa de la historia: *toda la materia consiste en quarks y leptones, que interaccionan intercambiando diferentes tipos de cuantos, descritos por los campos de Maxwell y de Yang-Mills.*

Las diversas partículas y campos dentro del modelo estándar son: *A*, treinta y seis quarks, que se presentan en seis "sabores" y tres "colores", y sus réplicas en antimateria para describir las interacciones fuertes; *B*, ocho campos de Yang-Mills para describir los gluones, que ligan los quarks; *C*, cuatro campos de Yang-Mills para describir las fuerzas débil y electromagnética; *D*, seis tipos de leptones para describir las interacciones débiles (incluyendo el electrón, el muón, el leptón tau y sus respectivos neutrinos); *E*, un gran número de misteriosas partículas de "Higgs", necesarias para ajustar las masas y las constantes que describen las partículas; y *F*, al menos diecinueve constantes arbitrarias que describen las masas de las partículas y las intensidades de las diversas interacciones. Estas diecinueve constantes deben ser introducidas a la fuerza; no están determinadas en modo alguno por la teoría.

La lista anterior puede dividirse en tres "familias" de quarks y leptones, que son prácticamente indistinguibles una de otra: primera generación: 3 quark up (tres colores), tres quark down, 1 electrón y 1 neutrino; segunda generación: 3 quark encanto y 3 quark extraño, 1 muón y 1 neutrino-mu; tercera generación: 3 quark top, 3 quark bottom, 1 tau y y neutrino-tau (Kaku, 2007).

La teoría cuántica formuló el principio de indeterminación (Heisenberg, 1987) que sustenta que "no hay un conocimiento completo, ninguna predicción absoluta de los sucesos físicos; no hay independencia del observador de lo observado (...) El universo físico es una inmensa red de interacción"; igual, el pensamiento cuántico relativista provoca un cambio en las nociones de objetividad, determinismo y productividad. Este debate lo protagonizan las ideas de la autoorganización, la vida de los sistemas (Capra, 1996), el constructivismo radical (Foerster, 1997, 1994, 1998 y 1998b), la complejidad (Gell-Mann, 1988), la autopoiesis (Maturana, 1980, 1991, 1995, 1996, 1996b), la filosofía de la inestabilidad (Prigonine, 1997), la estabilidad y las catátrofes (Thom, 1977 y 1997b, 2000), las ciencias cognitivas (Varela, 1996) y la teoría del caos (Lorenz, 1977), entre otros.

La termodinámica es la rama de la física teórica que trata de las leyes de la moción del calor, y de la conversión del calor en otros tipos de energía. La palabra proviene de las palabras griegas *therme* ("calor") y *dynamis* ("fuerza"). Se basa en dos principios originalmente deducidos de experimentos, pero que ahora se consideran axiomas. El primer principio es la ley de la conservación de la energía que asume la forma de la ley de la equivalencia de calor y trabajo. La energía se puede transformar de diferentes maneras, pero en ningún caso se puede crear ni destruir. Es una de las leyes fundamentales de la física. El segundo principio plantea que el calor no puede pasar de un cuerpo más frío a un cuerpo más caliente sin cambios en ningún otro cuerpo. Plantea que la *entropía* (es decir, la *ratio* de la energía de un cuerpo en relación con su temperatura) siempre se incrementa en cualquier transformación de energía, por ejemplo en una máquina de vapor. La entropía es una tendencia general a la desorganización, una tendencia general a la decadencia. Los átomos, sin ninguna intervención externa, se mezclan y desordenan entre ellos tanto como sea posible.

Esta ley no se aplica a sistemas compuestos de un pequeño número de partículas (microsistemas) o a sistemas con un número infinito de partículas (el universo).

Prigonine reconcilia a la biología y a las ciencias humanas con la termodinámica, trabajando con sistemas alejados del equilibrio, fundando la termodinámica no lineal de procesos irreversibles (TNLPI), la que describe cómo, en situaciones lejos del equilibrio, se forman nuevas estructuras (estructuras disipativas), denominando orden mediante fluctuaciones a la dinámica de formación de tales estructuras. Esto impide determinar absolutamente la trayectoria evolutiva de un sistema, porque aparecen distintas opciones, caminos bifurcados en los que interviene el azar.

Según el TNLPI, el equilibrio no es más el único estado final posible, en términos físicos, no es el único atractor, pues hay otros atractores (caóticos) que son fuente de creación, de aparición de nuevas estructuras y pautas complejas de organización, fundando con ello la teoría del caos, que estudia la formación de nuevas estructuras en sistemas abiertos lejos del equilibrio, como los seres humanos, el cerebro, algunos fenómenos atmosféricos y las sociedades humanas.

Prigonine introdujo el concepto de historia en física: ya no hay una sola trayectoria posible, en las bifurcaciones el azar ha elegido un camino y descartado otros. Se puede construir la historia natural del sistema, sin depender exclusivamente de las leyes universales de las matemáticas. El universo abierto no está absolutamente determinado. El azar y la necesidad se conjugan para dar estabilidad y creatividad: "Un mundo imprevisible totalmente sería inhabitable para seres vivientes y un mundo totalmente estable sería insoportable para seres conscientes" (Najmanovich, 1991). Se compatibilizan las leyes de la biología con las de la física. La evolución biológica es absolutamente coherente con la perspectiva evolucionista de la TNLPI, porque los seres vivos y la sociedad pueden considerarse estructuras disipativas sujetas a fluctuaciones que pueden amplificarse hasta implicar una reorganización total en un nivel más complejo (una nueva especie).

Al abrirse nuevas posibilidades de encuentro entre las ciencias y las humanidades, el hombre deja de ser un espectador pasivo de las leyes eternas e inmutables. El tiempo y la irreversibilidad no son una ilusión, porque el caos implica desorden y creatividad. Esto rompe el paradigma de la simplicidad.

Cuando una ciencia llega ante una situación que le impide explicar los hechos, las condiciones están dadas para una revolución, y para el surgimiento de una nueva ciencia. Los primeros problemas insuperables para la cosmovisión de la ciencia newtoniana aparecieron en la segunda mitad del siglo XIX, especialmente con la teoría de la evolución de Darwin y el trabajo de Boltzmann sobre la interpretación estadística de los procesos termodinámicos. Los físicos se esforzaron en describir sistemas compuestos por muchas partículas, como gases y fluidos con métodos estadísticos. Sin embargo, esas estadísticas eran vistas como auxiliares en situaciones en las que era imposible, por razones prácticas, recoger información detallada sobre todas las propiedades del sistema (por ejemplo, las posiciones y velocidades de las partículas de un gas en un momento determinado), lo que obligó a desarrollar una nueva matemática, que fue estudiada por Einstein, Schrödinger, Heisenberg y otros científicos (Morris, 2000).

En esta matemática nueva hay conceptos como el de"fase-espacio", en el que se define un sistema como un punto que tiene sus grados de libertad como coordenadas, y "operadores", magnitudes que son incompatibles con las magnitudes algebraicas en el sentido de que son más parecidas a operaciones que a magnitudes propiamente dichas (de hecho, expresan relaciones en lugar de propiedades fijas), que juegan un papel decisivo. La probabilidad también juega un papel importante, pero en el sentido de "probabilidad intrínseca": es una de las características esenciales de la mecánica cuántica. En efecto, los sistemas de mecánica cuántica tienen que ser interpretados como la superposición de todos los posibles caminos que pueden seguir.

Las partículas cuánticas sólo se pueden definir como un conjunto de relaciones internas entre su estado "actual" y "virtual". En ese sentido son puramente dialécticas. La medición de estas partículas de una u otra manera sólo nos lleva a conocer su estado "actual" que es un aspecto del todo (esta paradoja se explica popularmente con la historia del "gato de Schrödinger"). Se denomina el "colapso de la función onda", y se expresa en el principio de indeterminación de Heisenberg. Esta manera totalmente nueva de entender la realidad física, expresada en la mecánica cuántica, se mantuvo en "cuarentena" durante largo tiempo por parte de las demás disciplinas científicas. Era vista como un tipo de mecánica excepcional que sólo podía utilizarse para describir el comportamiento de las partículas elementales, como la excepción a la regla de la mecánica clásica, sin ninguna importancia.

En lugar de las viejas certezas, ahora reinaba la incertidumbre. Los movimientos aparentemente casuales de las partículas subatómicas, con sus velocidades inimaginables, ya no se podían expresar en los términos de la vieja mecánica. Sin embargo, la nueva ciencia en su forma inicial, no estaba completamente desarrollada. Sólo después de un periodo surge en su forma completa. Al principio es prácticamente inevitable un cierto grado de improvisación, incertidumbre, de diferentes interpretaciones a menudo contradictorias.

Heisenberg (1987) logró importantes adelantos en la mecánica cuántica. En la "interpretación de Copenhague" planteó una cuestión profunda que proyectó las partículas, y la propia física, prácticamente al reino de lo incognoscible (hay una diferencia fundamental entre "no conocemos" y "no podemos conocer". La ciencia parte de la noción básica de que el mundo objetivo existe y podemos conocerlo). En 1927 planteó el "principio de indeterminación" o "incertidumbre", que establece la "imposibilidad de determinar con la precisión deseada, a la vez la posición y la velocidad de una partícula en el micromundo". Cuanto más cierta es la posición de una partícula, más incierto es su momento, y viceversa (esto también se aplica a otros pares de propiedades específicas). La dificultad a la hora de establecer precisamente la posición y la velocidad de una partícula que se mueve a cinco mil millas por segundo en diferentes direcciones es obvia. Pero no puede concluirse de ello, que causa y efecto (causalidad) en general no existan.

Gráfica 4.2 Principio de incertidumbre (Heisenberg)

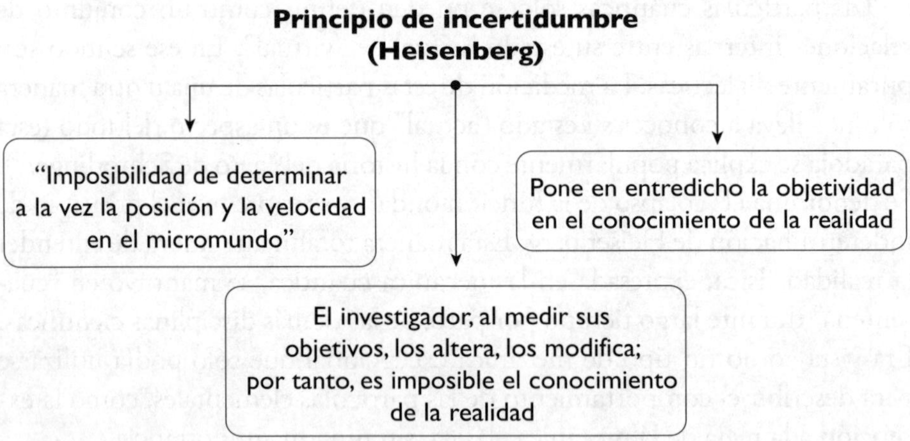

¿Cómo podemos determinar la posición de un electrón? se preguntó. Observándolo. Pero si utilizamos un microscopio potente, quiere decir que lo bombardearemos con una partícula de luz, un fotón. Debido a que la luz se comporta como una partícula, eso inevitablemente interferirá en el momento de la partícula observada. Por tanto, la cambiamos en el mismo acto de la observación. La interferencia será impredecible e incontrolable, ya que (por lo menos en la actual teoría cuántica) no hay manera de conocer o controlar de antemano el ángulo preciso con el que el *quantum* de luz se dispersará en las lentes. Debido a que una medición precisa de la posición requiere la utilización de luz de onda corta, se transfiere un momento importante pero impredecible e incontrolable al electrón. Por otra parte, una determinación precisa del momento requiere la utilización de *quanta* de luz de momento muy bajo (y por tanto de onda larga), lo que significa que habrá un amplio ángulo de difracción y, por ende, una pobre definición de la posición. Cuanto más precisamente definamos la posición, menos preciso será el momento, y viceversa.

¿Podemos resolver el problema con el desarrollo de nuevos tipos de microscopios de electrones? Según la teoría de Heisenberg, no. En la medida en que toda la energía se agrupa en *quanta*, y toda la materia tiene la propiedad de actuar tanto como onda y como partícula, cualquier tipo de aparato que utilicemos estará dominado por este principio de indeterminación (o incertidumbre). La teoría plantea que todas las formas de materia son indeterminadas por su propio carácter: "De esta manera la renuncia a la causalidad en la interpretación usual de la teoría cuántica no se debe considerar simplemente como el resultado de nuestra incapacidad para medir los valores precisos de las variables que entrarían en la expresión de las leyes causales a nivel subatómico, sino, más bien debería ser considerada como un reflejo de que no existen tales leyes" (Bohm, 1992).

En lugar de verlo como un aspecto concreto de la teoría cuántica, en un estadio concreto de su desarrollo, Heisenberg planteó la indeterminación como una ley fundamental y universal de la naturaleza, y asumió que todas las demás leyes de la naturaleza tenían que estar acordes con ésta. Éste es un punto de vista totalmente diferente del que adoptaba la ciencia en el pasado al enfrentarse a problemas relacionados con fluctuaciones irregulares y movimiento causal. Nadie se imagina que sea posible predecir el movimiento exacto de una molécula en un gas, o predecir todos los detalles de un accidente de coche en concreto. El universo en su conjunto es impredecible. "No podemos estar seguros" de nada.

El principio de indeterminación representa el carácter altamente evasivo del movimiento de las partículas subatómicas, que no se sujetan al tipo de ecuaciones y medidas simplistas de la mecánica clásica.

Bohm propuso una reinterpretación radical de la mecánica cuántica, una nueva manera de ver la relación entre el todo y las partes.

En estos estudios quedó claro que incluso el sistema de un solo cuerpo tiene una característica no mecánica, en el sentido de que éste y su entorno se tienen que entender como un todo indivisible, de que los análisis normales clásicos de sistema más entorno, considerados como separados y externos, ya no se pueden aplicar. La relación de las partes depende crucialmente del estado del todo, de tal manera que no se puede expresar solamente en términos de propiedades de las partes. De hecho, las partes se organizan de manera que fluyen del todo. La mecánica cuántica ha descubierto leyes precisas y maravillosas que gobiernan las probabilidades. Es con números como éstos que la ciencia supera su problema de indeterminación básica. Aunque hay incapacidad para predecir el comportamiento exacto de electrones o fotones individuales u otras entidades fundamentales, se puede decir cómo deben comportarse precisamente en grandes cantidades.

4.3 Polidisciplinariedad

Con las aportaciones científicas anteriormente descritas, se produce una revolución científica en la que subyace una revolución en el hombre, en los modos de concebir y producir el conocimiento y la ciencia misma, alimentada por los aportes de la física del micromundo: niveles fundamentales de la materia y la energía, la cibernética –"ciencias de la información y la microelectrónica, vida artificial, sistemas tecnológicos autónomos, inteligencia artificial" (Wiener, 1971)– y la robótica (Neumann) (fusión de los dispositivos técnicos con los sistemas vivos en el futuro), las biotecnologías (clonación, modificación genética en plantas y animales, instrumentación productiva), por las ciencias de creación de la vida.

Se trata de un nuevo saber que unifica lo cognitivo y lo valorativo en el conocimiento científico, formula una crítica al progreso materialista basado en el conocimiento al margen de la moral, plantea el objeto de la ciencia como descubrimiento de una realidad exterior y como problema ético, desarrolla la sabiduría científica y moral, postulando una visión ética del hombre y la naturaleza, la unificación de las culturas científica y humanística, en una perspectiva holista de la ciencia, asumiendo una ética de la vida en su sentido más amplio: ecológica, centrada en la superación de la intolerancia cultural, la consideración de la cultura y los fenómenos espirituales, en la cognición y en la superación de los ideales de simplificación del mundo y la vida.

Lo anterior implica una dimensión excluida por el pensamiento cartesiano, la indeterminación o lo indeterminado, que constituye el "punto de partida del conocimiento gnoseológico, base de sustentación de la utopía de lo posible, porque incluye la lógica del pensar abierto. Como instrumento del pensamiento epistémico (...) lo indeterminado es el resultado de una ruptura racional sobre lo conocido, ruptura que es preciso efectuar porque lo determinado contiene una necesidad que trasciende a su contenido "siempre que convengamos que la realidad es inacabada". De allí entonces que necesitamos la indeterminación para poder pensar lo posible –como lo necesario de darse– en tanto lo que es, a saber, un espacio potenciador de la ruptura-apertura crítica del conocimiento (Luminato, 1998).

Lo indeterminado, que no es objeto sino exigencia de objetividad, abre una multiplicidad de potencialidades a lo determinado, a través de las posibilidades no manifiestas del movimiento que el conocimiento debe, precisamente, descubrir y concretar categorialmente. Romper supone una exigencia de potencialidad como condición de objetividad histórica.

Requiere de formas de razonamiento abiertas a lo potencial, que favorezcan la inclusión, pero lo indeterminado no es un objeto sino una exigencia no parametralizada de la realidad en movimiento, y por consiguiente, una exigencia de posibilidad, cumpliendo una función gnoseológica en la medida en que lo "potencial" no es sino la capacidad misma de la realidad para transformarse en muchas direcciones, que requiere de la apertura y organización de lo indeterminado.

Esta función gnoseológica se define a favor de impedir la asimilación de la realidad a los contenidos teóricos establecidos. Sin la relación entre potencialidad e indeterminación la construcción social del conocimiento caería en el constructivismo genético, en el método prospectivo o en la reconstrucción histórica de casos.

Lo indeterminado o lo virtual es una forma de garantizar la objetividad, "por ello el aporte de la epistemología como propuesta programática de reformular los aspectos metodológico, epistemológico y político de las actuales ciencias sociales en tanto su responsabilidad teorética". Esto supone una forma de presionar la apertura de la teoría hacia lo indeterminado de la realidad, es decir, hacia los límites mismos de la teoría y la racionalidad, dado que la consideración de todo ello impide la confusión entre la realidad y su explicación, tomando ésta en el sentido neopositivista del término. Es lo que puede hacer factible que el sujeto de conocimiento piense el movimiento y construya "no el movimiento ontológicamente dado, lo cual supondría reconstruir lo dado" sino la crítica del movimiento en la medida que lo permite su despliegue problematizador (Zemelman, 1992).

La revolución biológica de los años 1950 nació de la usurpación, contactos y transferencias entre disciplinas de la física, de la química y de la biología: Schrödinger proyecta sobre el organismo biológico los problemas de la organización física, el descubrimiento de la organización del patrimonio genético a partir de las propiedades químicas del ADN, naciendo la biología molecular (sin ningún estatus disciplinario previo).

Contra la idea disciplinaria de que una noción no tiene más pertenencia que en el campo disciplinario en que ha nacido, surgen nociones migrantes que fecundan nuevos campos donde van a enraizarse, aunque signifique un contrasentido: "Uno de los útiles más poderosos de la ciencia, el único universal, es el contrasentido elaborado por un investigador de talento" (Mandelbrote, 1987). Errores en relación con un sistema de referencias pueden devenir en una verdad en otro tipo de sistema, como en el caso de la noción de información que, emanada de la práctica social, toma un sentido científico nuevo y preciso en la teoría de Shanon, emigra posteriormente a la biología para inscribirse en el gen, y luego se asocia con la noción de código, que emergió del lenguaje jurídico.

Los términos interdisciplinariedad, multidisciplinariedad, polidisciplinariedad y transdisciplinariedad son polisémicos. La interdisciplinariedad puede significar, de manera pura y simple, que diferentes disciplinas se sientan a una misma mesa para afirmar cada una de sus propias concepciones y soberanías en relación con las usurpaciones de otra disciplina. Interdisciplinariedad puede, a la vez, significar intercambio y cooperación, lo que puede devenir en algo orgánico. La polidisciplinariedad constituye una asociación de disciplinas vinculadas con un proyecto u objeto de estudio común, mientras que las disciplinas son técnicas especializadas para resolver un problema.

A diferencia de la polidisciplinariedad, que constituye una asociación de disciplinas alrededor de un proyecto o de un objeto que les es común, la transdisciplinariedad se caracteriza por esquemas cognoscitivos que atraviesan las disciplinas. En la metadisciplinariedad, "Siendo todas las cosas son causadas y causantes, ayudadas y ayudantes, mediatas e inmediatas y todas se entrelazan por un nexo natural e insensible que vincula las más lejanas y las más diferentes, pienso que es imposible conocer las partes sin conocer el todo, tampoco conocer el todo sin conocer la particularidad de las partes" (Pascal, citado por Morín, 2000). Lo metadisciplinario significa superar y conservar. No puede quebrarse lo creado por las disciplinas. Lo que está más allá de la disciplina es necesario para la disciplina, para que no sea automatizada y esterilizada.

En el desarrollo científico actual son los sistemas organizados los que resultan ser el objeto principal: "Si la historia oficial de la ciencia es la de la disciplinariedad, otra historia, que está vinculada y es inseparable, es la de la inter-trans-poli-disciplinariedad" (Morín, 1980). La interdisciplina nace de la incontrolable indisciplina de los problemas que presenta la realidad del presente, de la dificultad para compartimentalizarlos, de la presentación compleja y difusa de los problemas que no se presentan como objetos.

Gráfica 4.3 Sistemas organizados

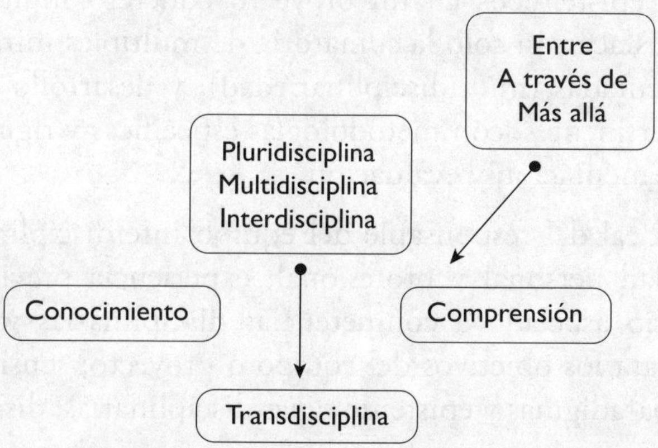

El planteamiento de una nueva forma de pensar el conocimiento, soluciona el debate semántico sobre el sentido de la pluridisciplinariedad, limitada al estudio de un tema de investigación, no en una sola disciplina, sino en varias al mismo tiempo (lo que ciertamente aporta un plus a la disciplina en cuestión, desbordando los límites disciplinarios); o de la multidisciplina, que consiste en la convergencia de varias disciplinas diferentes en el abordaje de un mismo problema; o de la interdisciplinariedad, referida a la transferencia de métodos de una disciplina a otra, misma que tiene un grado de aplicación (transferir los métodos de la física a la medicina), uno epistemológico (transferir métodos de la lógica formal al análisis de la epistemología de la ley) y uno de generación de nuevas disciplinas (transferir los métodos de las matemáticas a la física matemática para generar los procesos de la teoría del caos, astrofísica y la cosmología cuántica). La interdisciplina desborda los límites disciplinarios, pero su objetivo sigue siendo en el marco de la investigación disciplinaria (Nicolescu, 1987).

La interdisciplinariedad se refiere a la transferencia de métodos de una disciplina a otra. Tiene un grado de aplicación (transferir los métodos de la física a la medicina), uno epistemológico (transferir métodos de la lógica formal al análisis de la epistemología de la ley) y uno de generación de nuevas disciplinas (transferir los métodos de las matemáticas a la física de la física matemática para generar los procesos de la teoría del caos, astrofísica y la cosmología cuántica). Desborda los límites disciplinarios, pero su objetivo sigue siendo en el marco de la investigación disciplinaria. La interdisciplina es el esfuerzo indagatorio, convergente entre varias disciplinas, para obtener "cuotas de nuevo saber": traducción de abordajes epistémicos en un proyecto concreto multidimensional que no se satisface con sólo la sumatoria de múltiples miradas disciplinarias fragmentadas (multidisciplinariedad); y desarrollo por distintas disciplinas pertinentes, con metodologías específicas y rigurosas para su diseño, implementación y evaluación.

El perfil ideal del responsable del equipo interdisciplinario implica responsabilidad personal y profesional; experiencia previa a nivel interdisciplinario asociado a competencias disciplinarias y tecnológicas apropiadas para los objetivos del equipo o proyecto; sensibilidad hacia diferencias, paradigmas y epistemologías disciplinarias; disposición para la resolución de problemas; habilidades para convocar a los miembros y asegurar la realización de la agenda (administración de relaciones internas y externas); habilidades para conducir dinámicas de grupo (cooperación, comunicación, conflictos, tareas, etc.); y energía y paciencia (Klein, 2001).

El origen del concepto de transdisciplinariedad se atribuye convencionalmente a la Primera Conferencia Internacional de Transdisciplinariedad (1970), que lo refiere a "un sistema común de axiomas para un conjunto de disciplinas"; Piaget (1970) la concibe como "una etapa más alta en la epistemología de las relaciones interdisciplinarias"; Jantsch (1973) considera que la coordinación transdisciplinaria era un ideal más allá del completo alcance de la ciencia, por lo cual debía guiarla en su desarrollo. Los lenguajes organizadores del modelo de Jantsch eran la lógica, la cibernética, la planificación, la teoría general de sistemas y la teoría organizacional; Nicolescu (1987) identifica tres pilares de un nuevo abordaje: complejidad, múltiples niveles de realidad y la lógica del tercero incluido.

En contraste con la realidad de un solo nivel y unidimensional del pensamiento clásico, la transdisciplinariedad reconoce la multidimensionalidad de la realidad. La transdisciplinariedad constituye un ingrediente significativo o incluso un prerrequisito para un conocimiento relevante de sistemas complejos. La transdisciplina connota el esfuerzo indagatorio que espera lograr "cuotas de saber" análogas sobre diferentes objetos de estudio: bioética global, holismo ambientalista y complejidad. Transdisciplina es diálogo entre saberes. Diálogo entre diferentes culturas civilizatorias: actitud abierta a aprender del otro, el reconocimiento de que el otro tiene algo que enseñarnos, y viceversa. Por ejemplo, las culturas centroeuropea–sajona–americanas pueden aprender entre sí (Sotolongo y Delgado, 1982).

La operación lógica de distinción permite la disciplinariedad, la conjunción abre un campo de diálogo de la interdisciplinariedad, a través de la implicación, se comprende la actitud transdisciplinaria, situada en un metanivel sistémico sobre la relación disciplinariedad/interdisciplinariedad como actitud: formación de un espíritu abierto a los enlaces y a lo desconocido; y estrategia: conjugación de distintos tipos de conocimientos (disciplinarios y extradisciplinarios), que permite –propone– la articulación de actores diversos para la producción de un conocimiento pertinente.

La transdisciplinariedad es, a la vez, entre las disciplinas, a través de las diferentes disciplinas, y más allá de todas las disciplinas. Su objetivo es la comprensión del mundo actual, de los cuales uno es la unidad del conocimiento, en una actitud hacia la formación de un espíritu abierto a los enlaces y a lo desconocido; como estrategia para la conjugación de distintos tipos de conocimiento (disciplinarios y extradisciplinarios), que permite –propone– la articulación de actores diversos para la producción de un conocimiento pertinente. Se trata de un esfuerzo indagatorio que espera lograr "cuotas de saber" análogas sobre diferentes objetos de estudio: bioética global, holismo ambientalista y complejidad. Un diálogo entre saberes y entre diferentes culturas civilizatorias, con una actitud abierta a aprender del otro, el reconocimiento de que el otro tiene algo que enseñarnos, y viceversa (Morín, 1980).

Las ciencias avanzan rompiendo el aislamiento de las disciplinas por las vías de la circulación de los conceptos y de los esquemas cognitivos, por las usurpaciones e interferencias, por las complejizaciones de disciplinas de campos policompetentes, por la emergencia de nuevos esquemas cognitivos y de nuevas hipótesis explicativas y por la constitución de concepciones organizativas que permiten articular los dominios disciplinarios en un sistema teórico común.

La transdisciplinariedad es una utopía posible en la perspectiva de la complejidad, que se nutre de la física (caos, atractores, espacio de fases), termodinámica física y química/química física (estructuras disipativas y ciclos autocatalíticos), dinámica física y matemáticas (bifurcaciones, fractales), lógica y ciencias sociales (borrosidad), cibernética, neurociencias y sociología (red distributiva, red de redes, retroalimentaciones, conectividad); y es una utopía, porque es posible transportar esquemas cognitivos de una disciplina a otra, como en el caso de la antropología estructural de Lèvi Strauss y la lingüística estructural de Jakobson; y porque en el presente articula objetos y proyectos inter y polidisciplinarios como en los casos siguientes:

- La Escuela de los Anales (economía-sociología-historia–antropología), donde se constituyó en y por ella, y operó una penetración profunda de la perspectiva económica y sociológica en la historia, después una segunda generación de historiadores incorporó profundamente la perspectiva antropológica, constituyéndose en una ciencia histórica, multifocalizada, polidimensional, donde las dimensiones de otras ciencias humanas se encuentran presentes y donde la perspectiva global es requerida por ellas.

- La *hominización* (anatomía–técnica–ecología–genética–etología–psicosociología–mitología). Algunos procesos de complejización de campos de investigación disciplinaria recurren a disciplinas muy diversas al mismo tiempo que a la policompetencia del investigador, como en el caso de la prehistoria, cuyo objeto es el proceso de hominización, como proceso anatómico, técnico (diversas en particular para la datación de las osamentas y los utensilios), ecológico (cambio del bosque por la sabana, análisis del clima, de la fauna y de la flora), genético, etológico (concerniente al comportamiento de los primates superiores para tratar de concebir cómo se pudo haber hecho el pasaje de una sociedad primática avanzada a las sociedades hominianas, y por la otra parte a las sociedades arcaicas), psicosociológico, mitológico (rastros de lo que puede constituir un culto a los muertos y creencias en el más allá).

Gráfica 4.4 Ciencia / Tecnología: futuro

Ciencia/Tecnología: futuro

Genética → Precisión de la vida
Biónica → Fauna como modelo
Astronáutica → Principio del universo
Cibernética → Sobrevivencia de animales y máquinas
Nanotecnología → Miniaturas salvadoras
Robótica → Apoyos laborales y científicos

- Los esquemas cognitivos reorganizadores (ecología-ecosistema-geografía-geología-bactereología, zoología-botánica). La articulación entre física–biología–antroposociología requiere un circuito en cuatro movimientos: primer movimiento: enraizar la esfera antroposocial en la esfera biológica; segundo movimiento: enraizar (no es reducción, sino reconocimiento de los niveles de emergencia) la esfera viviente en la phisis; tercer movimiento: movimiento inverso: la ciencia física no es sólo el reflejo del mundo físico, sino una producción cultural, intelectual, noológica; cuarto movimiento: enraizar el conocimiento físico y biológico en una cultura, una sociedad, en una historia y en la humanidad (Morín, 1980).

Gráfica 4.5 Transdisciplinariedad posible

Transdisciplinariedad posible

Escuela de los Anales →	Economía, Sociología, Historia, Antropología
Hominización →	Anatomía, Técnica, Ecología, Genética, Etiología, Mitología
Psicosociología, esquemas cognitivos reorganizadores →	Ecología, Ecosistema, Geografía, Bacteriología, Zoología, Botánica
Astrofísica →	Dispersión de galaxias, Irradiaciones isotrópicas, Microfísica de los astros, cognición cósmica
Cibernética →	Matemáticas, Máquinas autogobernadas, Teoría de la información, Informática, Inteligencia artificial, Ciencias Naturales y Sociales

- La astrofísica (dispersión de galaxias, irradiaciones isotrópicas, microfísica de formación de materia y la vida de los astros-esquema cognitivo cosmológico). El cosmos era presa de disciplinas parcelarias, y después de las observaciones del Hubble sobre la dispersión de las galaxias, del descubrimiento de las irradiaciones isotrópicas y la integración de los conocimientos microfísicos de laboratorio para concebir la formación de la materia y la vida de los astros, se constituye en una ciencia nacida de la unión entre la física, macrofísica y astronomía, que ha hecho emerger un esquema cognitivo cosmológico, y permite religar conocimientos disciplinarios muy diversos para considerar nuestro universo y su historia.
- La cibernética-matemática y máquinas autogobernadas-teoría de la información-ciencia e ingeniería, informática e ínteligencia artificial, ciencias naturales y sociales. Los trabajos de hibridación entre ingenieros y matemáticos, inaugurados por Church y Turing, y las investigaciones técnicas para crear máquinas autogobernadas,

llevaron a la creación de la cibernética (Wiener), integrando la teoría de la información concebida por Shanon y Weaver: conocimientos formales y conocimientos prácticos se formaron en las márgenes entre las ciencias y en los márgenes entre ciencia e ingeniería, que crearon la informática y la inteligencia artificial.

- La teoría de los autómatas reproductores. Las nociones de orden y desorden demandan ser concebidas de forma complementaria y no solamente antagonista. Esta relación apareció en el plano teórico en la teoría de los autómatas reproductores (Neuman) y en la teoría del orden por el ruido (Foerster), y se han impuesto en la termodinámica de Prigonine, mostrando que los fenómenos de organización aparecen en condiciones de turbulencia (caos). Las nociones de orden, desorden y organización deben pensarse juntas. La misión de la ciencia debe dedicarse al tratamiento de la idea de orden en las teorías y concebir e introducir la idea de organización para articular las disciplinas parcelarias.

El paradigma explicativo causación–deducción, sustenta que algo que no puede ser explicado, porque no se identifica la causa o razón, no deseamos verlo. Algo que no puede ser explicado no puede ser visto, razón por la cual para rellenar las "manchas ciegas" cognitivas debe haber nuevas percepciones. Sin embargo, Foerster afirma que no vemos que tenemos "manchas ciegas". "No vemos que no vemos." Es una deficiencia de segundo orden, que se supera con una terapia de segundo orden.

Contra lo que afirma Kuhn, hay paradigmas que emergen a pesar de que el dominante no presente insuficiencias o inconsistencias. Por ejemplo, Copérnico y su sistema planetario heliocéntrico. Y, más aún, aunque sean irreprochables pero estériles (no se puede seguir por el mismo camino). Por ejemplo, en una pintura ¿dónde está la "obscenidad"? ¿En la pintura o en el observador? Una "mancha ciega" cognitiva es la objetividad. "Las propiedades del observador no deben entrar en la descripción de sus observaciones." "Si una posición sin sentido es negada, el resultado es nuevamente una proposición sin sentido." ¿Cuáles son las propiedades del observador? Las que fueren, obligan al observador a observar su propia observación, dar cuenta de su propio dar cuenta. Esto lo explican el cálculo de las repercusiones infinitas y el cálculo de autorreferencia (Foerster, 1998a).

Veo, veo..... ¿Qué ves? "La sensación es, por sí sola, insuficiente para la percepción." Es necesario correlacionar la sensación con actividad motriz. El punto ciego visual consiste en que en todo momento hay una cierta parte de nuestro campo visual que nos es invisible. El cerebro la "rellena" para producir una imagen completa. "Somos ciegos a nuestra ceguera... somos incapaces de ver lo que no vemos." (¿*Indeterminado* de Zemelman?, ¿*Ensayo sobre la ceguera* de Saramago?). "Ver" es un fenómeno complejo que excede las explicaciones de la óptica física (Cubo de Necker). Lo que vemos depende de la perspectiva en que estamos mirando.....y de nuestra capacidad para nombrarla (lenguaje)... y de lo que "debemos" ver. Percepción y conocimiento se realimentan mutuamente con la aportación del lenguaje.

La lingüística separaba un aspecto social (lengua) y una expresión individual (habla), pero es una red multidimensional lingüística. La sociología sustenta que las sociedades son redes y organizaciones heterárquicas (Foerster), que se manejan por el principio de mando potencial. Como ocurrió en la batalla de las Islas Midway en la Segunda Guerra Mundial (McCulloch, 1965). Las redes informáticas no dependen más de una supercomputadora central. El sujeto forma parte de un entramado de redes (Najmanovich, 1991), como ocurre en los organismos vivos superiores:

- Un ser viviente es un sistema autopoiético. Un sistema organizacional como una red completa de producción molecular al que las moléculas producidas generan la misma red que las produce a ellas y especifican su extensión.
- Los sistemas viven en la medida en que se conserva su organización autopoiética y todos sus cambios estructurales ocurren en la conservación de su adaptación al medio en que existen.
- La existencia y la autoconservación de la identidad humana son un fenómeno social que deriva de la existencia humana del lenguaje.
- Si el yo es una manera de existir en el lenguaje, es posible cambiarlo a través del lenguaje mismo.

A veces cuanto más se conoce, menos se comprende. El conocimiento parece ser una condición fundamental de la comprensión y, a veces, el conocimiento parece ser el obstáculo para el logro de una comprensión efectiva.

Los científicos reconocen que hay una conexión perdida entre las neuronas y el ser humano. Igual que la mecánica cuántica, la teoría científica de la conciencia será una creación colectiva. El cerebro y la mente, como cualquier otro tema en este mundo, involucran diferentes niveles de realidad y percepción. La conciencia es la última frontera de la ciencia y de la filosofía del siglo XXI. La investigación transdisciplinaria puede ubicarse en un campo amplio entre la investigación orientada (áreas específicas) y la aplicada (sirve a propósitos sociales) sin reemplazar formas tradicionales de investigación libre (no atada a ningún objeto específico) y básica (no está dirigida a aplicaciones).

El modelo transdisciplinario de la realidad nos permite definir tres tipos de significados: horizontal, interconexiones en un solo nivel de realidad; vertical, interconexiones involucrando varios niveles de realidad; y significado del significado, interconexiones involucrando todos los niveles de la realidad.

4.4 Complejidad, transdisciplinariedad y docencia

Una de las nociones de transdisciplinariedad es la hiperdisciplina, actividad transversal para describir la homogeneidad de la actividad teórica de distintas disciplinas, pluri e interdisciplina dialogante con la diversidad de saberes humanos o "ir más allá de" (Morín, 1980). Piaget (1970) sustentó que un estadio transdisciplinario no se limita al reconocimiento de las interacciones y reciprocidades entre las investigaciones especializadas, sino que encontraría esos vínculos en un "sistema total", sin fronteras estables entre las disciplinas, que puede considerarse una visión limitada a "entre" y "a través".

Nicolescu propone una comprensión de la transdisciplina enfatizando en la idea de "ir más allá" de las disciplinas, trascenderlas, y plantea el fundamento de esta noción en la física cuántica, dado que las disciplinas:

- Resultan incapaces de dar cuenta de la interacción sujeto-objeto y de la trascendencia del sujeto: "El sujeto no puede ser capturado en un campo disciplinario".

- Separan al sujeto del objeto de conocimiento, anulando su actividad objetivadora.
- No indagan "entre", "a través de" y "más allá" de las disciplinas, intentando una comprensión del mundo, mediante el diálogo de perspectivas, lógicas, diversidad, no como unificación.
- Junto con "la pluridisciplinariedad, la interdisciplinariedad y la transdisciplinariedad son las cuatro flechas de un solo y mismo arco: el del conocimiento" (Nicolescu, 1996).
- No articulan los aspectos teórico (definición), fenomenológico (construcción de modelos que conectan los principios teóricos y los datos experimentales observables) y experimental (realización de experimentos).

El "más allá" de las disciplinas se sustenta en tres pilares:

Los niveles de realidad. "Entiendo por realidad lo que se resiste a nuestras experiencias, representaciones, descripciones, imágenes o formalizaciones matemáticas. Según la física cuántica, la abstracción no es un simple intermediario entre nosotros y la naturaleza, una simple herramienta para describir la realidad, sino una de las partes constitutivas de la naturaleza. El formalismo matemático es inseparable de la experiencia. La realidad no es solamente una construcción social y el consenso de una colectividad, también un acuerdo intersubjetivo, que tiene una dimensión trans-subjetiva.

La noción de nivel de realidad es distinta de la noción sistémica de niveles de organización. Por nivel de realidad se entiende "un conjunto de sistemas invariantes a la acción de un número de leyes generales (las leyes de la física cuántica entran en ruptura radical con las leyes de la macrofísica). Dos niveles de realidad son diferentes si, pasando de uno a otro, hay ruptura de las leyes y ruptura de los conceptos fundamentales (causalidad). A los niveles de realidad del macromundo y del micromundo hay que añadir el mundo interior que atañe al observador y su actividad objetivadora. La transdisciplina es el diálogo entre esos niveles:

La lógica del tercero incluido. En la lógica de la ciencia clásica A = A y A no es no-A; y entre A y no-A no existe un tercer término. Pero si se conciben diversos niveles de realidad, la noción de un tercer término que es a la vez A y no-A adquiere sentido. Si A, no-A y T permanecen en un nivel de realidad, parecen contradictorios; pero si se tiene otro nivel de realidad, entonces es posible el tercero excluido (la tesis, antítesis y síntesis hegeliana es distinta de la tesis, antítesis y síntesis marxista-leninista: la primera es posible en el tiempo: "distintos niveles"; la segunda, en el mismo tiempo causa una explosión: "la caída del imperio soviético"). La lógica del tercero incluido no niega la lógica del tercero excluido, pero lo acota (¿Cómo juntar las dos puntas de un palo? Cortándolo, pero entonces se tendrán dos palos).

La complejidad. Si la transdisciplinariedad concierne a lo que simultáneamente es entre las disciplinas a través de las diferentes disciplinas y más allá de toda disciplina, entonces su finalidad es la comprensión del mundo presente, uno de cuyos imperativos es la unidad del conocimiento.

En el pensamiento clásico cada disciplina es un campo de conocimiento inagotable, por lo cual no hay nada más allá y, en consecuencia, la transdisciplina es un absurdo. Para el pensamiento transdisciplinario el pensamiento clásico no es un absurdo, pero su campo de aplicación es considerado restringido. La investigación disciplinaria concierne más o menos a un solo y mismo nivel de realidad y, en muchos casos, solamente a fragmentos de un nivel de realidad. La transdisciplinariedad se interesa por la dinámica que se engendra por la acción simultánea de varios niveles de realidad, para lo cual es necesaria la disciplina.

Los tres pilares de la transdisciplinariedad (niveles de realidad, lógica del tercero incluido y la complejidad) determinan la metodología de la investigación transdisicplinaria. Existe un paralelo sorprendente entre ellos y los tres postulados metodológicos de la ciencia moderna, que han permanecido sin cambios desde Galileo, aunque solamente la física los satisface enteramente. La psicología, la historia de las religiones, la biología molecular y muchas otras disciplinas no alcanzan la formalización matemática rigurosa. La investigación transdisciplinaria no es antagonista de la pluri e interdisciplinaria, sino son complementarias (Nicolescu, 1996).

Una versión de transdisciplina se caracteriza por la negación en la formulación de cualquier metodología y por su concentración exclusiva en la solución de problemas de forma colectiva pertenecientes a la triada ciencia-tecnología-sociedad. Esta versión la reduce a la interacción de disciplinas con límites sociales, que incluyen la solución de problemas como uno de sus propósitos, pero no el único.

Un acercamiento distinto a los límites de las disciplinas (...) es el movimiento por sí mismo el que genera la fluctuación de los límites, lo que no significa que una disciplina no interfecte a otra. En el espacio, cuando se cruzan los límites nos encontramos en el vacío interplanetario e intergaláctico, pero este vacío está lejos de estar vacío: está lleno de material invisible y de energía.

Mucha confusión se levanta por la falta de reconocimiento de que existe una transdisciplina teórica (Piaget, 1970; Morín, 1980), una transdisciplina fenomenológica (Nowotny, s/f) y una transdisciplina experimental. La palabra teoría implica una definición general de transdisciplina y una metodología (distintos métodos) bien definida. La palabra fenomenología implica la construcción de modelos conectando los principios teóricos con los datos experimentales ya observados, para pronosticar más resultados. En el acercamiento transdisciplinario, la línea del tiempo "pasado-presente-futuro" es una construcción antropomorfa, una aproximación cruda del tiempo que se está viviendo. El tiempo que se vive en el presente está ligado a la intersección de los espacios-tiempo asociados con los niveles de realidad. Se pueden descifrar los trazos del futuro en la arena del momento presente si se decide abrir los ojos.

Se desvanecen las disciplinas, en estricto sentido, a favor de las ciencias multifocalizadas; se transportan esquemas cognoscitivos de una disciplina a otra (migraciones de ideas); se dan nuevas articulaciones organizativas o estructurales entre disciplinas anteriormente separadas y se deja concebir la unidad de lo separado y un sistema teórico común (Velilla, 1982).

Algunas estrategias de interdisciplinariedad, importantes y reconocidas

La integración de disciplinas a través de un método común, buscando una raíz común en la ciencia o una lengua universal que permita formalizar la realidad en cualquiera de sus aspectos.

"Hablar de flexibilidad curricular universitaria significa, entre otras posibles miradas, la transformación permanente de ritmos, de medios y de contextos de aprendizaje. Esto es, hablaríamos de que estos ritmos, medios y contextos, de aprendizaje sufrirían una suerte de 'desordenamiento' de la linealidad habitual, se permitirían la apertura para introducir variabilidad, se probaría en la tolerancia a la incertidumbre con repercusiones en el acontecer curricular" (Morín, 2000). Una malla curricular compleja y transdisciplinaria admite (necesita) pasarelas, interrelaciones, intersectorialidades, estrategias múltiples, interdisciplinariedad en las acciones.

Construir una "arquitectura transdisciplinaria de la integración del conocimiento", requiere trabajar con epistemología, metodología y organización. La epistemología implica una teoría holística de los fundamentos de un proyecto, la validación y límites de los datos y aseveraciones, así como aproximaciones a la resolución de un problema particular. La metodología implica un cuerpo metodológico y conceptual, así como la manera en que ellos sean utilizados. La organización implica planes de gestión en el proceso de transdisciplinariedad (Scholz y Marks en Klein *et al.*, 2001).

El *enfoque sistémico*, que consiste en la comprensión de conjunto, "un saber de totalidad", capaz de suministrar una base para el estudio de sistemas muy diversos. La *estructura*, que es un procedimiento interdisciplinario, concibiendo la estructura como un modelo de relaciones y disposiciones rigurosas más que como realidad empírica. La *estrategia*, o cerrar la brecha entre los modos de pensamiento con que se acerca a la investigación y los modos de relacionar las realidades ontológicas entre sí (Domínguez, 1982).

La transdisciplina pone énfasis en la idea de "ir más allá" de las disciplinas, trascenderlas, y plantea el fundamento de esta noción en la física cuántica: indaga "entre", "a través de" y "más allá" de las disciplinas, intentando una comprensión del mundo, mediante el diálogo de perspectivas, lógicas, diversidad, no como unificación.

La transdisciplinariedad se sitúa dentro de una amplia historia de las ciencias. Viejos modos de objetividad, binarización, dicotomización, disyunción y fragmentación fueron desafiados por una nueva relación entre objeto y sujeto, estructura y acción, cambio y estabilidad, así como abordajes cuantitativos y cualitativos. El paradigma es articulador de ciencias y disciplinas, es interdisciplinariedad-multi o polidisciplinariedad-transdisciplinariedad y se inscribe en la ruptura epistemológica sistémica y de segundo orden, que implica la transición de la noción de objeto separado, "individual", a la red de relaciones y los fundamentos de los conocimientos inter, multi y transdisciplinarios (Morín, 1980).

La educación del presente está permeada por modos de pensamiento parcelado, compartimentado, monodisciplinario y reduccionista; e ignora formas, concepciones y prácticas educativas integradas, que religan conocimientos y saberes, y promueven una nueva organización del pensamiento. En los modelos educativos hegemónicos del presente uno de los trastornos significativos es la falta de armonía entre valores y realidad de una vida planetaria en proceso de cambio. En el presente se tiene la obligación ética de extender las actividades en los sectores científicos, sociales, políticos y espirituales.

Una propuesta vigente es trabajar en cuatro pilares de la educación (Delors, 1996): aprender a conocer (espíritu científico y establecer puentes entre las disciplinas), aprender a hacer (adquirir una profesión y potenciar la creatividad), aprender a convivir (consigo mismo y con los demás), aprender a ser (formación transdimensional personal).

Junto a ellos la universidad puede inculcar el pensamiento complejo y transdisciplinario en sus estructuras y programas, articulando ciencia y cultura, compartiendo el conocimiento (info-pobres e info-ricos), y dándole significado. Puede convertirse en una zona libre de cyber-espacio-tiempo (Nicolescu, 1996).

La idea de transdisciplinariedad provoca cambios en figuras epistemológicas: macro cosmos-microcosmos, sujeto-objeto, ¿observador- red de relaciones?, objetividad-subjetividad.

En el binomio "complejidad-transdisciplinariedad", cinco términos son clave para sugerir un nuevo sentido a la función que la educación universitaria puede asumir:

Integración de disciplinas, más allá de las fronteras/límites de departamentos, objetos, teorías y métodos disciplinarios e integración de actores en el proceso de conocimiento, más allá de las fronteras/límites del ámbito académico. La transdisciplinariedad toma en cuenta el flujo de información circulando entre varias ramas de conocimiento. La principal tarea es la elaboración de un nuevo lenguaje, de una nueva lógica y de nuevos conceptos que permitan un diálogo genuino entre diferentes dominios.

La investigación transdisciplinaria puede ubicarse en un campo amplio entre la investigación orientada (áreas específicas) y la aplicada (sirve a propósitos sociales) sin reemplazar formas tradicionales de investigación libre (no atada a ningún objeto específico) y básica (no está dirigida a aplicaciones). La participación de grupos de interés en la formulación, ejecución y seguimiento de políticas se puede considerar la construcción de un conocimiento "robusto" que tome en cuenta la consideración por la gente, sus perspectivas y sus deseos. Esto caracteriza el llamado "Modo 2 del conocimiento", que plantea interesantes desafíos a la enseñanza superior, en una perspectiva renovada, alejada de la concepción educativa tradicional y apegada al mundo real (Nowotny, s/f).

Es igualmente significativo considerar tres nociones clave: *tiempo*, como concurrencia de historias paralelas con conflictos, contactos, confusiones; múltiple y particular, construcción social; relación social; dimensión interna inventiva; *historia*, como discontinuidad, proceso plural, simultáneo, contradictorio; múltiple y particular; elección; narrativa. El pasado como uno de los múltiples rumbos posibles de la historia; y *futuro*, en su sentido de opciones múltiples donde intervienen el azar y el caos, el orden y la causalidad; invención de un orden social deseado, no necesariamente preexistente, que puede ser activado desde el presente; énfasis en la posibilidad innovativa, inventiva, autotransformativa de los sujetos; horizonte de expectativas contrapuesto al espacio de la experiencia actual.

Y, en la perspectiva de Morín (2001), establecer enlaces dialógicos simultáneos en el vínculo del ser humano con la realidad:

- *Compromiso neurótico* entre humano y realidad, a través de estrategias míticas para hacer más tolerable la relación con los aspectos duros y penosos de lo real.
- *Pacto surrealista*, cooperación entre *sapiens* y *demens*, a través del cual las pulsiones derivan hacia actividades socialmente relevantes, como las artes, los deportes, la estética y la creación.

- *Cooperación realista* entre la mentalidad racional-lógico-empírico-técnica (bajo el dominio de las necesidades objetivas), y la mentalidad analógico-simbólico-mitológico-mágica (bajo el dominio de necesidades subjetivas). Ambas mentalidades cooperan –en todas las sociedades- combinando ritos, creencias y ceremoniales con producciones técnicas, prácticas y económicas.

4.5 Metodología transdisciplinaria y formación docente

En la perspectiva de la transdisciplinariedad y en el marco de la lógica de lo posible, la formación de docentes puede desplegarse en las relaciones del presente con el futuro, desplegando lo dado como apertura hacia a lo nuevo (discontinuidades), con la intencionalidad de construir subjetividades, entendida como la capacidad para construir sentidos, lo que supone construir realidades en diferentes tiempos y espacios, y concretarse en distintas modalidades de sujetos sociales. Esto es, la constitución de sujetos capaces de reconocer y construir opciones potenciales. Las estrategias metodológicas basadas en la transdisciplina, pueden propiciar el establecimiento de conexiones entre personas, hechos, imágenes, representaciones, campos de conocimiento y acciones y, descubrir el *ethos* del aprendizaje durante la vida entera. Igual que la mecánica cuántica, la formación docente puede centrarse en la potenciación de la conciencia gnoseológica, tal que involucre diferentes niveles de realidad y percepción.

Gráfica 4.6 Transdisciplina y formación docente

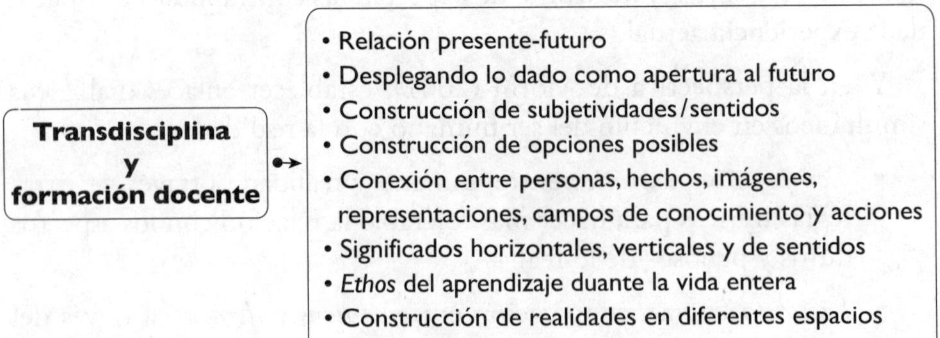

Un modelo transdisciplinario de formación docente puede implicar distintos tipos de significados: horizontales o interconexiones en un solo nivel de realidad, verticales o interconexiones involucrando varios niveles de realidad y significados de significados o interconexiones involucrando todos los niveles de la realidad, dado que las culturas y las religiones involucran simultáneamente uno o varios niveles de realidad, uno o varios niveles de percepción y de zonas de no resistencia del tercero excluido. La tecnociencia está enteramente situada en la zona del objeto, mientras que las culturas y las religiones cruzan los tres términos: el objeto, el sujeto y el tercero excluido. La globalización está requiriendo por su propio dinamismo, construir puentes y conexiones entre distintas áreas del conocimiento y entre distintas visiones del mundo, incluyendo la espiritualidad (epistemológicamente respiración), como un acto de comunión entre nosotros y el cosmos. Hay una gran pobreza espiritual presente en nuestra Tierra. Se manifiesta como miedo, violencia, odio y dogmatismo.

Los aspectos epistemológicos estudiados a nivel práctico en el Congreso Internacional realizado en Locarno "¿Qué universidad para mañana? Hacia una evolución transdisciplinaria de la educación" (1997), han sido llevados a la práctica en Brasil, Canadá, Francia, Rumanía, Estados Unidos, Suiza, Argentina y España (CIRET-UNESCO, 1996).

La alternativa transdisciplinaria se decanta en una propuesta estratégica de investigación que utilice un modo diferente de producción de conocimiento, que implica realizarla cada vez más en el contexto de aplicación, formulando los problemas desde el principio dentro de un diálogo entre un gran número de diferentes actores y sus perspectivas, quienes aporten una heterogeneidad de las competencias y conocimientos para el proceso de resolución de problemas, proporcionando enfoques de diferentes contextos sin reducirse a las disciplinas, articulándose con distintas aplicaciones. Los investigadores deben avanzar en el contexto de la aplicación y en el contexto de la implicación, deben saber cómo se conciben dentro del proceso de la investigación, estar al tanto de lo que está haciendo y hacer explícito cuál es el lugar que da a las personas en su producción de conocimiento (Nowotny, s/f).

La propuesta estratégica de investigación para la formación de docentes debe considerar tres fases: identificación y estructuración del problema, análisis del problema y *bringing results to fruition* (obtención adecuada de resultados).

Voss (2003) desarrolla brevemente la idea de establecer *ateliers* o grupos de trabajo de docentes y estudiantes donde se manifieste la actitud transdisciplinaria.

- Conocimiento articulado entre el mundo externo (objeto) y el mundo interno (subjetividad), y no solamente la correspondencia sujeto-objeto (epistemología objetual).
- Comprensión del conocimiento y no solamente su objetividad.
- Asumir un nuevo tipo de inteligencia (armonía entre mente, emociones y cuerpo) y no solamente la inteligencia analítica.
- Orientar el conocimiento hacia el asombro y los sentimientos (la acción) y no únicamente hacia el poder y la posesión.
- Incorporar la lógica del tercero incluido y no sólo la lógica binaria.
- Inclusión de valores.
- Establecer *ateliers* o grupos de trabajo de docentes y estudiantes donde se manifieste la actitud transdisciplinaria (Voss, 2003).
- Aceptar que la ciencia no es un fetiche. No tiene entidad y vida propias capaces de gobernar el universo, ni determinar la forma y contexto de la sociedad presente y futura.
- La ciencia es un producto cultural del intelecto humano, producto que responde a necesidades colectivas concretas y a objetivos determinados por clases sociales.
- Revalorizar el saber popular, sin exigirle una codificación a la usanza dominante, respetando su derecho a expresarse en sus propios términos, su propia racionalidad y su propia estructura de causalidad.
- Considerar que la ciencia no puede ser neutral ni objetiva en el sentido que lo explica la ciencia instrumental, ni se limita a la medición estadística. Su sustancia es cualitativa y cultural porque está comprometida con la comprensión de las realidades.

Morín (2000, 126),) afirma que concebir la circularidad abre la posibilidad de un método que, al hacer interactuar los términos que se remiten unos a otros, se haría productivo y, a través de estos procesos y cambios, generaría un conocimiento complejo que comporte su propia reflexividad. La dialógica une dos principios o nociones que deben excluirse mutuamente, pero que son indisociables en una misma realidad. Bajo las formas más diversas, la dialógica entre el orden, el desorden y la organización, mediante innumerables interretroacciones, está constantemente en acción en los mundos físico, biológico y humano. La dialógica permite asumir racionalmente la inseparabilidad de unas nociones contradictorias para concebir un mismo fenómeno complejo.

En los términos de la complejidad, lo que se fecunda en el subsistema de la didáctica, como un sistema complejo, es una relación recursiva, en tanto unos componentes se interrelacionan con otros componentes de los componentes de los componentes, generando otras reorganizaciones en las realidades socioeducativas (Morín, 2000, 87).

Fuentes citadas

Introducción

Dewey, J. (1965). "The relation of theory to practice in education", en *Teacher education in the United States: A documentary history*. Nueva York: Teacher College Press.

Elliot, J. (1977). *La investigación acción en educación*. Madrid: Editorial Morata.

Popkewitz, T. S. (1990). *Paradigma e ideología en investigación educativa. Las funciones sociales del intelectual*. Madrid: Mondadori.

Reeves, H. (1996). *La plus belle histoire du monde. Les secrets de nos origines*. Santiago de Chile: Editorial Andres Bello.

SEP, Secretaría de Educación Pública (1996). *Recomendaciones de la reunión de ministros de educación de América Latina y el Caribe*. México: SEP.

Stenhouse, L. (1984; 1987). *Investigación y desarrollo del curriculum*. Madrid: Editorial Morata.

Tom, A. (1984). *Teaching as a moral craft*. Nueva York: Longman.

Zeichner, K. (1987). Estrategias alternativas para mejorar la calidad de la enseñanza por medio de la reforma de la formación de profesor: tendencias actuales en Estados Unidos, en Villa, A. (Coord.) (1988). *Perspectivas y problemas de la función docente*. Madrid: II Congreso Mundial Vasco/Editorial Narcea.

1. Formación docente basada en competencias

Arter, J. A. y V. Spandel (1992). "Using portafolios os student work in introduction and assessment reform group", en *Educational Meausurement: Issues and Practice*. Primavera.

Anderson, J. R. (1987). "Skill Acquisition: compilation of weak-method problem solutions", en *Psychologial review,* Vol. 94, Núm. 2.

Ausubel, D. (1976). *Psicología educativa.* México: Editorial Trillas.

Barnett, R. (2001). *Los límites de la competencia. El conocimiento, la educación superior y la sociedad.* Barcelona: Gedisa.

Elliott, R. (1975). "Education and human being", en Brown, S. C. (Comp.) *Philosophers discuss education.* Londres: Macmillan.

Gagné, D. E. (1991). *La psicología cognitiva del aprendizaje escolar.* Madrid: Aprendizaje/Visor.

Habermas, J. (1992). *Conocimiento e interés.* Madrid: Taurus Ediciones.

Hague, S. D. (1991). *Beyond universities: a new republic of the intellect.* Londres: IEA.

Maxwell, J. C. (1960-70). "Ecuaciones de campo para la electricidad y el magnetismo", citado por Salam (1989). "Overview of particle physics", en *The new physics.* Cambridge: Cambridge University Press.

Monereo, C. (Coord) *et al.* (1994). *Estrategias de enseñanza y aprendizaje.* Barcelona: Graó.

Piaget, J. (1974). *Aprendizaje y conocimiento.* Sao Paulo: F. Bastos.

Pozo, J. I. (1992). "El aprendizaje y la enseñanza de hechos y conceptos", en Coll, C. *et al. Los contenidos en la reforma.* Madrid: Santillana.

Rorty, R. (1989). *La filosofía y el espejo de la naturaleza.* Madrid: Ediciones Cátedra.

Scott, P. (1984). *The crisis of the university.* Beckenham: Croom Helm.

Stephenson, J. y S. Weil (1992). *Quality in learning. A capability approach in higer education.* Londres: Kogan Page.

Valls, E. (1994). "Evaluación del aprendizaje de los contenidos procedimentales", en Medina Rivilla, A. *et al. Evaluación de los procesos y resultados de aprendizaje de los estudiantes.* Madrid: Universidad Nacional de Educación a Distancia.

Vygotsky, L. S. (1934). *Pensamiento y lenguaje.* Buenos Aires: La Pléyade.

Zabalza, M. A. (2003). *Competencias docentes del profesorado universitario. Calidad y desarrollo profesional.* España: Narcea.

2. Formación docente para la interculturalidad

Fuentes, C. (2001). *El espejo enterrado.* México: Taurus.

García Canclini, citado por Thoss, en http:www.mexartes-berlin.de/esp/02/canclini.html

Granja Castro, J. (1995). *De la "educación para el desarrollo" a la "educación para la transformación productiva con equidad": los desplazamientos en el discurso educativo para América Latina. Ponencia.* México: xx Congreso de la Asociación Latinoamericana de Sociología.

Keane, J. (1988). *Democracy and civil society.* London: VERSO.

Leurín, (1987), citado por Jiménez Fernández, C. (1991), en *Lecturas de pedagogía diferencial.* Madrid: Dykinson.

Lynch, J. (Ed.) (1986). *Multicultural education in western societies.* Londres: Holt, Rinehart and Winston.

Luhmann, N. (1996). *Introducción a la teoría de sistemas.* Lecciones publicadas por Javier Torres Navarrete. México: Anthropos-UIA-ITESO.

Martínez Montalvez, P. (2004). "Interculturalidad e Islam", en Medina Rivilla, A. *et al.* (Coord.) *Interculturalidad, formación del profesorado y educación.* Madrid: Pearson/Prentice Hall.

Medina Rivilla, A. *et al.* (2004). *Interculturalidad, formación del profesorado y educación.* Madrid: Pearson/Prentice Hall.

Morín, E. (1999). *Introducción al pensamiento complejo.* Buenos Aires: Paidós.

Olivé, L. (1999). *Multiculturalismo y pluralismo.* México: Paidós.

Ruiz Román, C. (2003). *Educación intercultural. Una visión crítica de la cultura.* Barcelona: Octaedro.

Schmelkes, S. (1992). *Desarrollo social y educación: hacia una mejor calidad de nuestras escuelas.* México: OEA-SEP.

Tylor, E. B. (1994). *Primitive culture. Researches into the development of mythology, philosohopy, religion, language*. Chicago: The University of Chicago Press.

Walzer, M. (1983). *Spheres of justice. A defense of pluralism and equality*. New York: Basic Books.

3. Formación docente en la sociedad compleja

Apel, O. (1985). *La transformación de la filosofía*. Madrid: Taurus.

Arroyave, Dora Inés. "La revolución pedagógica precedida por la revolución del pensamiento: un encuentro entre el pensamiento moriniano y la pedagogía", en Velilla (Compilador) (1982). *Manual de iniciación pedagógica al pensamiento complejo*. Bogotá: Instituto Colombiano de Fomento a la Educación Superior/UNESCO/Corporación para el Desarrollo Complexus.

Ashby, W. R. (1960). *Introducción a la cibernética*. Buenos Aires: Chapman y Hall.

Bahro, R. (1981). *Por un comunismo democrático*. Barcelona: Fontamara.

Bateson, G. (1992). *Pasos hacia una ecología de la mente*. Buenos Aires: Planeta-Lohle.

Bertalanffy, L. V. (1974; 1978). *Introducción a la cibernética*. Buenos Aires: Nueva Visión.

Bohm, D. y D. Peat (eds.) (1998). *Ciencia, orden y creatividad. Las raíces creativas de la ciencia y la vida*. Barcelona: Kairós.

Bohm, D. (1992). *La totalidad y el orden implicado*. Barcelona: Kairós.

Böhr, N. (1988) *La teoría atómica y la descripción de la naturaleza*. Alianza. Madrid.

Braudel, F. (1968). *La historia y las ciencias sociales*. Madrid: Alianza Editorial.

Capra, F. (1998). *The web of life. A new scientific understanding of living systems*. Nueva York-Londres-Toronto-Sydney-Auckland: Anchor Books, Doubleday.

Capra, F. (1991). *Las semillas de la cibernética*. Barcelona: Gedisa.

Castoriadis, C. (1994). *Los dominios del hombre: las encrucijadas del laberinto*. Barcelona: Gedisa.

Delgado, C. J. (1982). "Crisis y revolución en el pensamiento contemporáneo: la hipótesis del nuevo saber", en Velilla (Compilador) (1982). *Manual de iniciación pedagógica al pensamiento complejo*. Bogotá: Instituto Colombiano de Fomento a la Educación Superior/UNESCO/Corporación para el Desarrollo Complexus.

Deustch, D. (1985; 1999). *La estructura de la realidad*. Barcelona: Anagrama.

Feyerabend, P. (1986). *Tratado contra el método. Esquema de una teoría anarquista del conocimiento*. Madrid: Tecnós.

Foerster, H. V. (1994). "Visión y conocimiento: Disfunciones de segundo orden", en Fried Schnitman, D. *Nuevos paradigmas, cultura y subjetividad*. Buenos Aires: Paidós.

Foerster, H. V. (1997). *Sintética universal. Desde un punto de vista superior*. Medellín: Fondo Editorial Universidad, EAFIT.

Foerster, H. V. (1998). Por una nueva epistemología, en *Metapolítica*, Núm. 8.

Foucault, M. (1968). *Antropología del saber*. París: Gallimard.

Frege, G. (1984). *Investigaciones lógicas*. Madrid: Tecnos.

Gadamer, H. G. (1981). *La dialéctica de Hegel*. Madrid: Colección Teoremas.

Gardner, H. (1995). *La nueva ciencia de la mente. Historia de la revolución cognitiva*. Barcelona: Paidós.

Gödel, K. (1981). "On formally undecidable propositions of 'Principia mathematica' and related systems I", en Heijenoort, J. V. (Eds.) *From Frege to Gödel*. Cambridge, Mass: Harvard University Press.

Gómez, R. (1982). "Trayectorias lógicas de la complejidad", en Velilla (Compilador) (1982). *Manual de iniciación pedagógica al pensamiento complejo*. Bogotá: Instituto Colombiano de Fomento a la Educación Superior/UNESCO/Corporación para el Desarrollo Complexus.

Habermas, J. (1989). *Teoría crítica de la acción comunicativa*. Barcelona: Península.

Hanson, N. R. (1977). *Patrones de descubrimiento. Observación y explicación*. Madrid: Alianza.

Hegel, G. E. (1971). *Fenomenología del espíritu*. México: Fondo de Cultura Económica.

Holton, G. (1989). *La imaginación científica*. México: Conacyt/Fondo de Cultura Económica.

Kant, I. (1970). *Crítica de la razón pura*. Buenos Aires: Losada.

Kripke, S. (1986). *Wittgenstein: reglas y lenguaje privado*. México: UNAM.

Kuhn, T. (1983; 1975). *La estructura de las revoluciones científicas*. México: Fondo de Cultura Económica.

Lakatos, I. (1983). *Metodología de los programas de investigación científica*. Madrid: Alianza Editorial.

Lleras, E. (1982). "Las comunidades de aprendizaje como ámbitos de construcción del mundo", en Velilla (Compilador) (1982). *Manual de iniciación pedagógica al pensamiento complejo*. Bogotá: Instituto Colombiano de Fomento a la Educación Superior/UNESCO/Corporación para el Desarrollo Complexus.

Lucasiewicz, J. (1977). *La silogística de Aristóteles. Desde el punto de vista de la lógica formal moderna*. Madrid: Tecnos.

Luhmann, N. (1998a). *Complejidad y modernidad: de la unidad a la diferencia*. Barcelona: Tusquets.

Mandelbrote, B. (1987). *Los objetos fractales*. Barcelona: Tusquets.

Maturana, H. (1996a). *El árbol del conocimiento. Debate. Las bases biológicas del conocimiento*. Santiago: Barcel.

Morín, E. (1980). La antigua y la nueva transdisciplinariedad, en A. X. *Amicale des anciens eléves de l´ecole polytechnique*. París.

Morín, E. (1981; 1990) "El paradigma de la complejidad", en *Introducción al pensamiento complejo*. Madrid: Gedisa.

Morín, E. (1983). *El método I. La naturaleza de la naturaleza*. Madrid: Cátedra.

Morín, E. (1988a). *Pensar Europa*. Barcelona: Gedisa.

Morín, E. (1995). *Introducción al pensamiento complejo*. Barcelona: Gedisa Editorial.

Morín, E. (1999). *Los siete saberes necesarios para la educación del futuro*. París: UNESCO.

Morín, E. (2000). *La mente bien ordenada. Repensar la reforma. Repensar el pensamiento*. Barcelona: Seix-Barral.

Murayama, M. (1985). "La segunda cibernética", en *Cuadernos GESI-AATGSC* (Grupo de Estudios de Sistemas-Asociación Argentina de Teoría de Sistemas y Cibernética), Núm. 9.

Pask, G. (1975). *The cybernetics of human learning and performance*. Londres: Hutchinson.

Parsons, T. (1996). *El sistema social*. Madrid: Alianza Editorial.

Popper, K. (1967). *La lógica de la investigación científica*. Madrid: Editorial Tecnós.

Prigonine, I. (1997). *El fin de las certidumbres*. Madrid: Taurus.

Romero, P. (1982). Por el camino del pensamiento de Niklas Luhman, en Velilla (Compilador) (1982). *Manual de iniciación pedagógica al pensamiento complejo*. Bogotá: Instituto Colombiano de Fomento a la Educación Superior/UNESCO/Corporación para el Desarrollo Complexus.

Spencer-Brown, G. (1969). *Laws of form*. Londres: George Allen and Unwin.

Toffler, A. y Heidi (1995). *La tercera ola. La educación*. Barcelona: Plaza y Janés.

Thorm, R. (1997). *Estabilidad estructural y morfogénesis. Ensayo de una teoría general de modelos*. Barcelona: Editorial Gedisa.

Toulmin, S. (1953). *The philosophie of science, an introduction*. Londres-Nueva York: Hutchinson´s University Library.

Vallejo Gómez, N. (1996). "El pensamiento complejo contra el pensamiento único", en *Revista de sociología y política*. Nueva Epoca Núm. 8. México: Universidad Iberoamericana.

Varela, F. (1996a). *Conocer. Las ciencias cognitivas: tendencias y perspectivas*. Barcelona: Gedisa.

Wellmer, A. (1976). *Teoría crítica de la sociedad y positivismo*. Barcelona: Ariel.

Wittgenstein, L. (1958). *Tractactus lógico philosoficus*. Madrid: Alianza.

Wiener, N. (1973; 1997). *Cibernética*. Madrid: Guadiana.

Wright, A. (1979). "Successful faculty development: strategies to improve university teaching", en Wright, A. *et al. Teaching improvement practices: international perspectives*. Massachusets: Auker Pubis. Co. Bolton.

Yang, C. N. y R. L. Mills. (1954). Campos de Yang-Mills, citado por Pagels, H. (1988). *La búsqueda del principio del tiempo*. Barcelona: Antoni Bosch.

Zemelman, H. (1997). *El Futuro Como Ciencia y Utopía*. México: Centro de Investigaciones Interdisciplinarias en Ciencias y Humanidades/ UNAM.

4. Formación docente y transdisciplinariedad

Balandier, G. (1994). *El desorden. La teoría del caos y las ciencias sociales. Elogio de la fecundidad del movimiento*. Barcelona: Editorial Gedisa.

Bertalanffy, L. V. (1974). *Robots, hombres y mentes: la psicología en el mundo moderno*. Madrid: Guadarrama.

Bertalanffy, L. V. (1995). *Teoría general de sistemas*. México: Fondo de Cultura Económica.

Braudel (1968). *La historia de las ciencias sociales*. Madrid: Alianza Editorial.

Bohm, D. (1980; 1992). *La totalidad y el orden implicado*. Barcelona: Kairós.

Braña en *info@fractaltec.org*

Capra, F. (1996). *The web of life. A new scientific understanding of living systems*. Nueva York-Londres-Toronto-Sydney-Auckland: Anchor Books, Doubleday.

Capra, F. (1991). *Las semillas de la cibernética*. Barcelona: Gedisa.

CIRET-UNESCO (1996). "Locarno Declaration", en *Project Delors*. Harvey and Lemire.

D´escartes, R. (1953). *Discurso del método*. Barcelona: Editorial Fama.

Domínguez, E. (1982). "La franquicia como estrategia para el mejoramiento de la calidad educativa", en (1982). *Manual de iniciación pedagógica al pensamiento complejo*. Bogotá: Instituto Colombiano de Fomento a la Educación Superior/UNESCO/Corporación para el Desarrollo Complexus.

Einstein, A. (1984). Citado por Pais, A., en *El señor es sutil. La ciencia y la vida de Albert Einstein*. Barcelona: Ariel.

Foerster, H. V. (1994). "Visión y conocimiento: Disfunciones de segundo orden", en Fried Schnitman, D. *Nuevos paradigmas, cultura y subjetividad*. Buenos Aires: Paidós.

Foerster, H. V. (1997). *Sintética universal. Desde un punto de vista superior*. Medellín: Fondo Editorial Universidad, EAFIT.

Foerster, H. V. (1998a). *Cibernética de la Cibernética*. Chicago: Universidad de Illinois.

Gell - Mann, M. (1988). *El quark y el jaguar. Aventuras en lo simple y lo complejo*. Barcelona: Tusquets.

Gleick, J. (1988). *Chaos. Making a new science*. Nueva York: Penguin Books.

Heisenberg, W. 1987). *La imagen de la naturaleza en la física actual*. Barcelona: Seix-Barral.

Jantsch, E. (1973). *La previsione tecnologica*. Roma: CNR.

Kaku, M. (2007). *Hiperespacio*. Barcelona: Litografía Rosés.

Klein, J.T. (2001). *Interdisciplinarity. History, theory and practice*,Wayne State University Press.

Laplace, citado por Woods y Grant (1995). Op. Cit.

Lorenz, E. (1977). *Behind the mirror*. Nueva York: Harcourt Brace Jovanovich.

Luminato, S. (1998). *Epistemología crítica*. Morelia: Escuela Normal Superior de Michoacán.

Mandelbrote, B. (1987). *Los objetos fractales*. Barcelona: Tusquets.

Maturana, H. (1980). "Autopoiesis: reproduction, heredity and evolution", en *Autopoiesis, dissipative sturctures, and spontaneus social orders*. Westview: Zeleny-Boulder-Co.

Maturana, H. (1991). *El sentido de lo humano*. Santiago de Chile: Dalmen.

Maturana, H. (1995). "Biology of self consciousness", en Tranteur, G. (ed.) *Consciousness: distinction and reflection*. Nápoles: Bibliópolis.

Maturana, H. (1996). *El árbol del conocimiento. Debate. Las bases biológicas del conocimiento*. Santiago: Barcel.

McCulloch, W. (1965). *Embodiments of mind*. Cambridge, Mass.: MIT Press.

Morín, E. (1980). "La antigua y la nueva transdisciplinariedad", en A. X. *Amicale des anciens eléves de l´ecole polytechnique*. París.

Morín. E. (1995). "La relación antropo-bio-cósmica", en *Gazeta de Antropología* Núm. 11. París: CNRS.

Morín, E. (2000). "Sobre la interdisciplinariedad", en *Boletín No. 2*. París: Centre International de Recherches et Etudes Transdisciplinaires (CIRET).

Morín, E. (2000b). *Los siete saberes necesarios para la educación del futuro*. París: UNESCO.

Munné, F. (1995). "Las teorías de la complejidad y sus implicaciones en las ciencias del comportamiento", en *Revista Interamericana de Psicología*, Vol. 29, Núm. 1, 1-12.

Najmanovich, D. (1991). "Interdisciplina y nuevos paradigmas. La ciencia de fin de siglo", en *Suplemento Futuro del diario*, página 12, el 19 de octubre. Buenos Aires.

Nicolescu, B. (1996a). "La transdisciplinariedad, una nueva visión del mundo" en Nicolescu, B. (1996). *Transdisciplinariedad – Manifiesto*. Mónaco: Editions du Rocher, Colection Transdisciplinarité.

Nowotny, H. (s/f). The potencial of transdisciplinariety, extraído el 10 de julio del 2008 en *http://.interdisciplines.org/interdisciplinarity/papers/5*.

Piaget, J. (1970). *Problemas generales de la investigación interdisciplinaria y mecanismos comunes*. Madrid: Alianza Editores.

Prigonine, I. (1997a). *El fin de las certidumbres*. Madrid: Taurus.

Prigonine, I. (1997b). *¿Tan sólo una ilusión?* Barcelona: Tusquets Ediciones.

Scholz y Marks en Klein, citados por Klein, J. T. *et al.* (2001), en *Transdisciplinarity: joint problem solving among science, technology and Society – An efective way for managing complexity*. Basel-Boston-Berlín: Birkhäuser Verlag.

Schrödinger (1989). *Life and throught*. Cambridge: Cambridge University Press, citado por Moore, W.

Sotolongo y Delgado (1982). Capítulo IV La Compeljidad y el Diálogo Transdisciplinario de Saberes, en *Manual de iniciación pedagógica al pensamiento complejo*. Bogotá: Instituto Colombiano de Fomento a la Educación Superior/UNESCO/Corporación para el Desarrollo Complexus.

Stewart, I. (1991). *¿Juega Dios a los dados? La nueva matemática del caos*. Barcelona: Grijalbo Mondadori.

Thorm, R. (1997a). *Estabilidad estructural y morfogénesis. Ensayo de una teoría general de modelos*. Barcelona: Editorial Gedisa.

Thorm, R. (1997b). Estructural stability, catastrophe theory and applied mathematics, en SIAM *Review*, Vol. 19, Núm. 2.

Varela, F. (1996a). *Conocer. Las ciencias cognitivas: tendencias y perspectivas*. Barcelona: Gedisa.

Velilla. M. A. (1982). Capítulo II. Complejidad y educación. La franquicia como estrategia para el mejoramiento de la calidad educativa, en *Manual de iniciación pedagógica al pensamiento complejo*. Bogotá: Instituto Colombiano de Fomento a la Educación Superior/UNESCO/Corporación para el Desarrollo Complexus.

Wiener, N. (1971). *Cibernética*. Guadiana: Madrid.

Woods, A. y T. Grant. (1995). *Razón y revolución: filosofía marxista y ciencia moderna*. Madrid: Fundación Federico Engels.

Voss, K. C. (2003). "On transdiciplinarity", en Nicolescu, B. *Manifiesto of Transdisciplinarity*. Albany, Nueva York: State University of New York.

Zadeh, L. A. (1983). Entrevista a Lofti A. Zadeh, creador de la teoría de los conjuntos difusos, por T. Sales, T. y Riera, T., en *Ciencia*, 3, 29, julio-agosto, 40-49.

Zadeh, L. A. (1996). "Nacimiento y evolución de la lógica borrosa, el soft computing y la computación con palabras: un punto de vista personal", en *Psicothema*, 8, 2, 421-429.

Zemelman, H. (1992). *Los horizontes de la razón. I. Dialéctica y apropiación del presente. II. Historia y necesidad de utopía*. Barcelona: Editorial Anthropos-El Colegio de México.